MA BOÎTE À SOUVENIRS

CARLOS

MA BOÎTE À SOUVENIRS

Préface de Mimi Dolto

document

éditions du
ROCHER

Coordination de l'ouvrage
Alain Morel

ISBN 978 2 268 065847

Préface

de Mimi Dolto

« Il était ma lumière. »

Tout a commencé par un slow. Il devait être minuit dans cette boîte du Quartier latin où il m'a invitée à danser. J'ai senti comme une onde de choc m'envahir. Le coup de foudre absolu. À trois heures du matin, j'ai appelé ma meilleure amie pour lui dire que je venais de rencontrer l'homme de ma vie. Notre slow langoureux avait suffi. Notre premier baiser aussi.

Mais ensuite, il a fallu quasiment que je le viole. Il n'osait pas conclure. Il était complexé, se sentait déjà un peu trop gros. Moi, son poids ne m'a jamais posé de problèmes. J'aime les gens ronds. Cela me sécurise. Chaque fois qu'il partait faire une cure à Quiberon, j'étais furieuse.

Qu'est-ce que tu m'as fait, mon amour ?

Toi, le commandant de bord, toi, le maître de maison, comment as-tu osé me laisser là ? Je ne peux pas rester sans toi.

Quarante-cinq ans ensemble, ce n'est pas rien. Juste parce que c'était moi, juste parce que c'était lui.

Quarante-cinq ans de fantaisie. De vin, d'amour et de fantaisie.

Il était ma lumière. Si belle que, moi, j'ai toujours voulu rester dans son ombre. Je l'ai aimé toute ma vie et plus que ma vie.

On vivait en pleine passion, s'engueulant fort pour mieux se réconcilier, riant de tout, dévorant les plaisirs. On s'est mariés après quinze ans de folies, histoire de devenir un peu plus sages. Je ne suis pas certaine que cela ait marché.

Quand on l'a ramené de l'hôpital où il s'est éteint, j'ai gardé son corps auprès de moi jusqu'au dernier moment. J'ai dormi deux nuits contre lui, avec sa petite chatte Messia, lovée entre nous deux. Je lui ai rappelé tous nos souvenirs. Il était tout froid mais j'ai senti que ça lui faisait chaud.

Depuis deux ans, il n'a cessé de souffrir. Dix fois, si ce n'est plus, il a fallu l'hospitaliser. Quand j'ai compris que le médicament miracle dont il avait rêvé ne marcherait pas, j'ai complètement craqué. Il était parti en gala en province. J'ai perdu courage et j'ai voulu me suicider.

Lui, le courage, il l'a eu jusqu'au bout. Il endurait un martyre et voulait le cacher à tout autre que ses intimes. Tout se détraquait, mais il a cru qu'il s'en sortirait quand même ou, du moins, qu'il tiendrait un bon moment encore. La veille de sa mort, il m'a embrassée et m'a dit :

– Tout va bien, je sors demain.

Maintenant, je veux aller le rejoindre. Arriver près de lui en hurlant : « Haut les cœurs, mort aux cons », notre cri de ralliement. Mais, avant, j'aimerais trouver le temps d'écrire.

J'ai tellement de belles choses à dire de lui.

Introduction

par Alain Morel

Lundi 23 octobre 2006. J'attends Carlos au Café de Flore. Nous avons rendez-vous à dix-sept heures pour une interview destinée à la rédaction d'un synopsis pour un éditeur. Onze ans après *Je m'appelle Carlos*, il ne serait pas hostile à la rédaction d'un nouveau recueil de mémoires relatant une vie plus intime et exotique que « people » et phonographique, plus axée sur la mer, son enfance, son adolescence, ses états d'âme et d'amour que sur les remous du show-biz.

Il aimerait d'ailleurs commencer par publier un livre essentiellement photographique sur ses activités piscicoles et veut, auparavant, batailler ferme avec les marlins bleus des mers turquoise de l'Empire ottoman.

Ensuite, si son éditeur sait se montrer « généreux », pourquoi pas? Au téléphone il a été aussi drôle que clair : « Je suis devenu spécialiste de la pêche au gros. Pour que ça morde à l'hameçon il faut appâter fort. Et puis je n'ai plus besoin d'argent. Donc, si on estime que je suis encore vendeur il faut y mettre le prix. »

17 h 15. Il est en retard. Normal. Il habite juste en face, au-dessus de chez Lipp. Plus le trajet est court moins on surveille sa montre ! Et puis, ces derniers temps, il était fatigué. Un de ses proches a parlé de

cancer. Quand il arrive, je lui trouve bonne mine, l'interroge quand même sur sa santé. « Tout va bien – me répond-il – à part peut-être une sorte de hernie discale. Il va sans doute falloir que je me fasse opérer ! »

Les douze mois qui suivent, le secret de sa maladie est soigneusement gardé par ses amis et sa famille, mais surtout par lui-même. Se plaindre n'a jamais été le genre de la maison.

Il s'acquitte donc de ses deux projets, tourne en Turquie un ultime épisode du *Gros Homme et la mer* et, à Paris, des heures durant, ouvre à nouveau, devant un journaliste, sa « boîte à souvenirs », s'attardant principalement sur les thèmes et périodes qu'il estime essentiels dans sa destinée : enfance, adolescence, années Saint-Germain, rapports avec ses parents, sa fratrie et son épouse.

La maladie le contraint malheureusement à interrompre cette entreprise et son manuscrit demeure inachevé. Trop incomplet pour être publiable, il restera dans les tiroirs des éditions du Rocher.

Carlos se sait alors très malade mais il continue à le cacher soigneusement. D'abord parce qu'il préfère l'humour à l'humeur, la pudeur à l'amertume. Ensuite parce qu'il a repéré sur Internet un médicament que des Américains disent « miracle ». Il veut se battre jusqu'au bout et préfère vivre intensément que survivre médiocrement.

La fatigue et la souffrance gagnent pourtant chaque jour du terrain.

Pour les défier ou, peut-être, s'y soumettre fièrement, en novembre 2007, il s'attelle même avec son amie productrice Dominique Le Pivert, patronne de Grenade Productions qui a produit tous les épisodes du *Gros Homme et la mer*, à deux nouveaux projets de films pour la chaîne Odyssée : un bêtisier et une sorte de bilan de vie et de carrière.

Après dix ans de travail en commun et avec la complicité de son ami de toujours Denis Kerneïs et du réalisateur Jean-Pierre Daudet, petit-fils de Léon et arrière-petit-fils d'Alphonse, ils compulsent les albums de famille, les dix mille photos de vie et de tournage disponibles et entament, trois semaines avant sa mort, devant les caméras, une exceptionnelle interview-confidence qui se poursuivra jusqu'à l'avant-veille de son hospitalisation à Beaujon et de son décès d'une soudaineté plus que brutale.

Décryptée, agencée, elle devient le complément indispensable et bouleversant des pages en sommeil chez son éditeur et complète cette autobiographie posthume qui raconte une vie constituant, à elle seule, un véritable roman riche d'aventures et de rebondissements en tout genre, peuplé de célébrités mythiques et habité par l'amour et l'intelligence.

De Johnny et Sylvie, ses frère et sœur de cœur, à ses parents de légende, Boris et Françoise Dolto, en passant par l'ami Brel, la fabuleuse campagne Oasis, l'éclosion du jazz des années Saint-Germain, les coulisses et métamorphoses de la télé ou des « Grosses Têtes »... ses propos tendres, drôles et touchants ne cachent rien.

Depuis cette enfance où, délicat et maigrelet, il posait pour le sculpteur Kijno mais jouait les leaders de bande sous le surnom de « Titi, le chef des attaquants du

Luxembourg» jusqu'à sa méditation de sexagénaire, interpellé par la faucheuse, livrant les secrets de son âme sur les dérives de la société, la foi, l'amour conjugal ou la passion, Carlos nous offre ici un ultime témoignage à son image : tonique et avec un cœur si « gros » qu'on le voyait de l'extérieur !

I

« MA VIE EST UNE BONNE BLAGUE »

Je n'ai pas forcément peur de la mort, mais la vieillesse qui approche ne me séduit guère. Je trouve assez désespérant, lorsque les soixante-dix balais apparaissent à l'horizon, de réaliser qu'il reste tellement de choses à faire, il en reste forcément trop ! La formidable combativité qu'insuffle la jeunesse s'est estompée. À soixante-quatre ans, bien conscient que la maladie me ronge, je souffre d'abord de toute l'énergie et de tout le temps qui vont me manquer, qui me manquent déjà.

Alors, pour combler ce manque, je me réfugie dans les bouquins. J'y apprends beaucoup. D'abord, le « comment » de mon existence dans les livres de ma mère, de ma sœur et d'autres psys majeurs. Ensuite, le « pourquoi » dans les livres d'histoire.

Car, si l'on a énormément parlé de ma mère, une partie de la petite graine qui m'a fabriqué venait tout de même de mon père. Et à ce jour, je ne m'étais jamais interrogé sur les raisons qui avaient conduit cet homme à quitter son pays, la Russie. Je n'avais jamais réalisé, mesuré, l'étendue des atrocités qui furent perpétrées dans ce pays au temps de sa jeunesse : une sorte d'holocauste de la bourgeoisie par les soviets, en somme !

Les livres m'ont fourni l'information qui me faisait défaut. C'est une des raisons pour lesquelles je m'attelle à écrire le mien.

Mais comment y parvenir sans me prendre au sérieux ? Comment ouvrir ma boîte à souvenirs et laisser, parallèlement, ma copine Dominique Le Pivert produire une sorte de film sur ma vie, sans que cela donne l'air de manœuvres « préposthumes » ?

En n'oubliant pas de rire, évidemment. Car si ma vie a été merveilleuse, c'est aussi une bonne blague, qui risque de se terminer par une blague nettement moins drôle !

« Carlos, raconte-nous-en une bien bonne... » Combien de fois ai-je entendu cette requête ? Des milliers. Mais bien entendu uniquement quand j'avais la migraine ou le moral plus lourd que mon estomac.

« Carlos, raconte-nous-en une bien bonne... » D'accord, je vais commencer par une histoire. Mais il faut que je la choisisse bien. En vingt-cinq ans de « Grosses Têtes », je m'en suis constitué une sacrée réserve. Mais, ici, je n'ai pas le droit de me tromper. Il faut une histoire symbolique, dont mon éditeur n'aura pas à rougir. Une histoire classique et intemporelle : même ceux qui la connaissent l'estimeront opportune et auront l'impression de la redécouvrir.

Ça y est, je crois que je l'ai trouvée.

C'est une histoire qui se déroule à Paris, au mois d'août, dans un magnifique vieux bistrot au mobilier tout en bois du côté de Saint-Germain-des-Prés.

Un type entre dans ce bar sur le coup des dix-sept heures. En cette fin d'après-midi, à cette période de l'année, l'endroit est très calme. Il n'y a pas de clients. Seuls, face à la salle vide, un jeune barman et un vieux pianiste aux cheveux blancs qui joue des standards américains.

Le barman s'approche du type et lui demande :

– Et pour monsieur, ce sera quoi ?

– Je voudrais un whisky, eau plate, s'il vous plaît.

– C'est comme si c'était fait !

À peine le barman a-t-il posé le whisky sur la table et tourné les talons qu'un petit ouistiti juché sur l'étagère du bar saute sur le verre, se trempe les couilles dans le scotch et repart sur son perchoir, une lueur de défi dans le regard.

Le type est pour le moins surpris. Il regarde son verre, le renifle : ça ne fleure pas bon. Il en extrait même un poil et appelle aussitôt :

– Garçon, je m'excuse, je ne suis pas du genre délicat, mais avez-vous vu ce qui vient de se passer ?

– Absolument pas.

– À peine m'aviez-vous apporté mon verre qu'un ouistiti est arrivé, a sauté dedans, y a trempé ses couilles et est reparti.

– Oh ! Je suis désolé, monsieur, vraiment désolé. Je vous apporte un autre whisky.

Le garçon revient, pose un nouveau verre sur la table, tourne les talons, et rebelote, même scénario que la première fois : le ouistiti descend de son étagère, se précipite sur le verre, trempe ses couilles dedans et repart se percher.

Là, le type sent la colère monter. Il rappelle le garçon avec véhémence.

– Vous avez vu cette fois ?

– Oui, monsieur, j'ai vu, je suis désolé. Je vous apporte un autre verre immédiatement.

Cette fois, le barman apporte le whisky en mettant la main sur le verre et le pose sur la table. Le client pose à son tour la main sur le verre. Il a repéré que le ouistiti était prêt à s'y précipiter.

– Mais c'est incroyable, cette histoire ! Cela s'est déjà produit ?

– Pas que je sache.

– Vous pourriez m'appeler votre patron pour qu'il me renseigne ?

– Il n'est pas là, monsieur. Je suis seul, et le gérant s'est absenté pour au moins deux heures.

– Et pareil incident ne s'est encore jamais produit ?

– Jamais en ma présence en tout cas.

– Mais qui pourrait me renseigner ?

– Demandez au pianiste, ça fait quarante ans qu'il est là. Il joue tous les jours de quatre heures de l'après-midi à deux heures du matin. Peut-être pourra-t-il vous renseigner.

– Merci.

Son verre à la main, le client s'approche du pianiste qui est en train de jouer *Strangers in the night*, il lui tape sur l'épaule et demande :

– Dites-moi, vous connaissez le ouistiti qui trempe ses couilles dans le whisky ?

– Non, répond le type sans même sourciller, mais chantez-moi les premières mesures, et je suis sûr que ça va me revenir...

Cette histoire-là m'enchante. D'abord parce qu'elle est racontable à tout le monde – bon, d'accord, presque à tout le monde ! –, ensuite parce qu'elle mélange la quotidienneté et le surréalisme ; enfin parce qu'elle se passe dans mon quartier, qu'elle parle d'un bar et de musique, et qu'il me suffit de peu – fredonner par exemple les premières mesures de ma vie de saltimbanque – pour que toute mon existence me revienne. Une existence, je ne peux pas le nier, plutôt merveilleuse !

Quand on me demande quel est mon premier souvenir, je suis embarrassé car tant de temps a passé qu'il est difficile de faire la part des moments que l'on a vécus et réellement conservés en mémoire et de ceux que l'on a reconstruits, à partir de photos par exemple.

Je me souviens plus que clairement, en tout cas, d'avoir été Titi-Boss, le chef des Attaquants, une bande de gosses du quartier qui se retrouvaient au jardin du Luxembourg. Je commandais de vieux briscards d'au moins six ou sept ans. On piquait les ballons, les bateaux des autres, et on enquiquinait copieusement tout le monde, à l'exception des clochards (parce qu'ils étaient dans leurs rêves) et des amoureux (parce qu'ils étaient sur leur nuage) !

Je me rappelle aussi très bien les goûters qu'organisait ma mère à la maison, et auxquels s'invitaient des garçons de douze ou treize ans, alors que j'en avais cinq de moins.

Mais procédons par ordre. Venir au monde, d'abord. Je ne sais pas si cela se mérite. En tout cas, j'ai eu l'exceptionnel bonheur d'avoir un père, Boris Dolto, et une mère, Françoise Marette, qui s'aimaient tendrement, et qui m'aimaient.

Je suis né le 20 février 1943, premier d'une fratrie composée de Grégoire, dit Gricha, né en 1944, et de Catherine, dite Katouchka, venue au monde en 1946.

Je suis né sous deux symboles : l'aigle à deux têtes de la Russie impériale du côté paternel, le cœur de lion normand du côté maternel.

Tout commence par la naissance de mon père, le 3 août 1899, à Simferopol, en Crimée. Cela me fait d'ailleurs tout drôle de penser que, s'il vivait encore aujourd'hui, il aurait largement dépassé le cap des cent ans. Sa famille, les Dolto, d'origine ukrainienne, descendante des Cosaques du Kouban, était installée depuis longtemps dans le Sud-Caucase. La légende fait même d'un lieutenant de Tarass Boulba l'un de nos ancêtres !

II

« CE PÈRE, MON HÉROS »

Mon père Boris passe sa jeunesse à Iekaterinodar – aujourd'hui Krasnodar – où son père, Ivan Borisovitch, a fondé une compagnie d'assurances comme on en trouve en Europe occidentale. Issu d'une lignée de cultivateurs, et en particulier de vignerons, il a placé l'argent de sa clientèle dans des vignes situées près de Novorossisk, sur la mer Noire. Grâce à des cépages rebelles au phylloxéra qu'il a fait venir d'Amérique, et à l'ensoleillement dont bénéficie la contrée, il produit des vins de qualité, dont le goût, estime-t-il, peut être comparé à celui des meilleurs crus français. Il produit même un vin selon la méthode champenoise, suscitant l'étonnement et l'admiration des œnologues français qui lui rendent visite.

Ainsi mon père s'habitue-t-il au vin comme boisson de table... autant qu'il s'initie à la langue française que sa mère parle déjà à la perfection parce qu'elle a fait des études assez poussées dans un collège de Petrograd. C'est d'ailleurs elle qui tient la comptabilité de l'exploitation et assure le courrier avec les vignerons et les experts français, tandis que son mari se charge du personnel, le formant lui-même aux techniques de la vinification. De cette tradition œnologique, nous, les enfants de Boris et Françoise, avons hérité certaines habitudes peu communes. Mais j'en parlerai plus tard, parce que, pour l'heure, je ne suis pas encore né !

C'est un beau jeune homme, mon père. Physique racé, nerveux et mince, cheveux noirs, regard de braise. Dès l'âge de quinze ans, il s'est enthousiasmé au lycée pour la poésie et le théâtre grâce à son professeur de littérature russe, dont on murmure que la femme, très belle, a été actrice.

Pendant l'été qui suit l'obtention de sa « maturité » – l'équivalent russe du baccalauréat –, Boris s'est tellement passionné pour le théâtre qu'il passe avec succès une audition devant une troupe venue pour la saison à Iekaterinodar. Il a une réelle présence, agrémentée d'une voix au timbre grave, et une excellente mémoire...

Nous sommes en 1916. En compagnie d'une camarade de lycée à qui il fait les yeux doux, il signe avec la troupe un contrat d'un an, en cachette de ses parents. Drôle d'histoire : il est tenté par l'aventure, il a décidé de vivre sa vie, mais n'a pas le courage de faire ses adieux, surtout à sa mère.

Tandis qu'il boucle sa valise, dans sa chambre, en cette fin d'été, son père pousse la porte :

– Tu t'en vas, mon fils ?

– Oui, père. Mes examens sont terminés. Toute cette année, je suis allé très souvent travailler au théâtre, je me suis engagé avec la troupe. Si ça ne marche pas, je reviendrai dans un an. Je dois partir ce soir : j'ai signé.

Son père le félicite :

– C'est bien de suivre ta vocation, mon fils, surtout si tu en es sûr. La langue russe est si belle. Servir le théâtre, c'est servir la civilisation.

Sur ce, il se met à réciter quelques vers. Boris est surpris et ravi :

– Alors, tu me comprends ? Tu aideras maman, pour qu'elle comprenne aussi...

– Mais oui, sois tranquille. Il faut suivre ta voie... Maintenant, avant que tu ne partes, je voudrais que nous parlions un peu. Réponds-moi franchement : est-ce que tu te sens du génie... et je dis bien « génie » ? Car, tu sais, l'acteur, pour devenir célèbre, ne peut s'appuyer que sur deux choses : d'abord, le désir de servir la beauté de la langue russe, avec une abnégation totale, et ensuite, ou plutôt surtout, le génie ! Des acteurs, il y en a beaucoup. C'est un métier très dur, mais trop d'entre eux sont des cabotins, et pas des artistes. Et puis, il y a les artistes. Mais ceux qui manquent de « génie » vont de déception en déception.

Boris écoute son père, puis entreprend de lui répondre. Il lui parle de son professeur de russe, il raconte comment l'épouse de ce dernier a discerné chez lui un véritable don théâtral et lui a prédit une rapide réussite. Il s'enflamme sur ce début de révolution qui va transformer la sainte Russie, et dont on attend tant de choses. Tout va changer, c'est sûr. La conversation dure deux heures mais, peu à peu, à mesure que Boris s'explique, qu'il analyse sa situation, qu'il se confie à son père, son rêve de théâtre lui apparaît pour ce qu'il est : une chimère. Non, il n'a pas de génie. Oui, il a agi davantage par vanité que par désir de « servir la beauté de la langue russe »...

Et puis, dans cette aventure, il y a Tania, une jeune fille de sa classe, aussi novice que lui, pour laquelle il éprouve un vif sentiment. Face aux arguments avancés par son père, le jeune homme finit par admettre que ses projets sont fragiles et que le contrat qu'ils ont signé tous les deux, lui et sa belle, ne vaut rien puisqu'ils sont mineurs. A-t-il au fond songé un instant qu'il risquait d'entraîner Tania dans une voie dangereuse ? Son père lui pose la question... Sa réponse sera sage : la valise ne sera pas bouclée et les tourtereaux renonceront au théâtre !

Toute sa vie, mon père racontera cette fameuse conversation avec un papa respectueux, mais surtout vigilant. « C'était un sage, il ne parlait qu'aux moments importants de la vie », nous répétait-il régulièrement en revenant sur ce souvenir.

Faute d'avoir fait ses malles, Boris passe les vacances avec sa sœur cadette, Larissa, dans la propriété de leur grand-père maternel Dimitriev, dans la région de Tampov, au sud-est de Moscou. Existence de rêve dans un domaine aussi étendu qu'un département français – d'ailleurs indiqué sur les cartes de Russie de l'époque, avec ses vingt et un villages et ses deux rivières que l'on traverse à gué ! Là-bas, dès qu'un gros orage éclate, la demeure familiale se retrouve isolée. Un jour de tourmente, Boris ne peut rentrer à la maison, tant le niveau des eaux a subitement monté. Parti pour une randonnée à cheval – il lui arrive parfois aussi de chasser le loup –, il va rester trois jours absent, à la grande inquiétude de ses parents.

Lorsqu'il revient enfin, plutôt fier de lui, il trouve sa mère folle d'angoisse. Elle lui tend les bras, elle sanglote de bonheur de le revoir.

Dans ses bras, mon père éprouve soudain une sensation étrange. Loin d'y ressentir le douillet réconfort habituel, il a le sentiment qu'une faille vient de s'ouvrir entre sa mère et lui. Une rupture qu'il exprimera ainsi : « Ce jour-là, tout a changé entre ma mère et moi. Une mère ne se trompe pas, elle sait quand son enfant court un danger. Comment avait-elle pu me croire en péril ? Ce n'était plus ma mère, c'était une femme comme les autres ! »

L'absolue confiance qu'il vouait à sa maman va dès lors céder la place à un sentiment de compassion, d'empathie protectrice. Admirant toujours son intelligence, il va désormais déplorer ses faiblesses et sa sensibilité féminine...

Bien sûr, il ne nous a jamais raconté cet épisode de cette manière. Ce n'était pas son genre d'invalider le rôle sécurisant d'une maman. Mais il a jugé opportun de se confier à notre mère dont les travaux sur les rapports parents-enfants étaient loin de le laisser indifférent. Supposait-il qu'elle nous en parlerait à son tour et que, venant d'elle, le propos saurait, sans heurt, nous aider à une saine rupture du cordon ombilical ? Peut-être. L'anodin n'était pas son truc à ce sacré personnage !

Ainsi, sa façon de communiquer prenait toujours un tour plus qu'original. Soit quelque chose lui déplaisait, et il explosait littéralement en proférant son insulte préférée : « Tas de vaches ! » Soit il manifestait son mécontentement par quelque rite étrange.

À table, par exemple, il était capable de se couvrir la tête jusqu'à la fin du repas avec sa serviette. À quelles grimaces ou quels marmonnements se livrait-il sous ce morceau de tissu ? Nous nous le demandions avec un sentiment mitigé de peur et d'amusement.

Nous respections, en tout cas, le secret de sa colère. Le secret, c'était une manie chez lui, au point qu'il s'est fait poser un pacemaker un jour sans en avoir averti quiconque !

Une fois ses rêves de théâtre envolés et ses études secondaires terminées, papa s'est destiné à la carrière de médecin. Tout comme ses oncles maternels. L'un est alors biologiste à Moscou, et l'autre généraliste. Celui qui le fascine le plus s'appelle Boris, comme lui. Ma mère a toujours prétendu en riant qu'il avait « œdipé » davantage sur lui que sur son propre père !

Cet oncle Boris l'a, il est vrai, emmené dès l'âge de huit ans dans ses tournées à travers l'immense domaine familial. Dans la troïka du docteur, le gamin se charge de la pharmacie ambulante, il fabrique même les potions, les cachets, pendant que son oncle parcourt les villages. Les paysannes sont méfiantes et timides. En vérité, elles ne se laissent approcher qu'avec l'autorisation ou sur la recommandation du pope, qui assiste à la visite, revêtu des insignes de sa dignité. Impossible en effet de toucher le thorax, ne serait-ce que pour une simple palpation, car la poitrine, le cœur sont lieux sacrés où réside le souffle, donc le Saint-Esprit. Or une campagne de prévention antituberculeuse commence auprès des paysans. Le pope accepte d'y préparer ses ouailles. Il apporte sa sainte caution à l'examen médical, voire à l'analyse des crachats !

Aux vieillards réfractaires, il promet : « Je serai là, avec toi. Je réciterai des prières, mais tu dois y aller : c'est pour la santé de tes petits-enfants. »

Et de fait, pendant que l'oncle Boris ausculte les corps, le pope chante ses prières pour libérer les âmes de l'angoisse du sacrilège.

Une expérience déterminante pour papa...

En 1917, la prise du pouvoir par Lénine est saluée avec espoir par toute la famille Dolto. Mon grand-père est un adepte des idées libérales, il a milité en faveur d'une monarchie constitutionnelle. La France de 1789, la défense des Droits de l'homme, son fils Boris en a souvent entendu parler à la table familiale. Un oncle avocat a passé quelques années en prison pour avoir voulu instaurer le service militaire pour tous, l'alphabétisation des adultes, l'école obligatoire pour les enfants. Mon grand-père a lui aussi fait de la prison pour des opinions inspirées du mouvement menchevik, que le gouvernement du tsar jugeait révolutionnaires alors que, simplement progressistes, elles n'allaient pas tarder à être balayées par la révolution...

Commencé au nord, le soulèvement bolchevique va mettre trois ans pour atteindre Iekaterinodar. Durant cette période, impossible de circuler. Mon père doit donc renoncer à faire ses études à Moscou et, comme il n'y a pas de faculté de médecine à Iekaterinodar, il entre dans une école d'ingénieurs, le Polytechnicum, pour un cursus de trois ans. Il est en deuxième année, lorsqu'il se retrouve mobilisé par les blancs dans l'artillerie de montagne. Son unité est affectée à la défense de populations villageoises harcelées par des pillards qui, sous prétexte de révolution, sèment la destruction avec pour seul slogan : « Ni dieu, ni tsar ! Tous patrons ! »

Révolutionnaire de cœur depuis son enfance, Boris est horrifié : aucune réflexion politique ne soutient plus ce déferlement de violence.

Le mental influe-t-il sur le physique, à moins que ce ne soit le strict hasard ? Il contracte la fièvre typhoïde et, très malade, est renvoyé dans ses foyers près de Novorossisk. À peine guéri, il reçoit une nouvelle affectation, cette fois dans la marine. Ses études d'ingénieur lui valent d'être affecté au navire amiral du chef de l'armée blanche de la Russie du sud, le général Petr Nicolaïevitch Wrangel. C'est alors qu'il va assister à la débâcle et à l'invasion de la région cosaque par des hordes rouges plus terroristes que révolutionnaires.

Dans le port de Sébastopol où l'escadre est bloquée, il voit arriver les unités de la marine de guerre française venues, pense-t-on, au secours de l'allié russe. Mais c'est le drapeau rouge qui est hissé sur l'un des navires français. Les événements se précipitent...

Mon grand-père, qui avait senti venir des lendemains où l'on ne chanterait plus, lui a dit au moment où il faisait ses bagages pour rejoindre l'escadre :

– Si la révolution triomphe, il n'y aura plus de place pour les enfants des classes privilégiées. Quand cette guerre sera terminée, essaie de te faire une situation en Europe. Tu parles français et allemand, tu es intelligent, instruit, adroit. Va, mon fils, et Dieu te protège ! Moi, je reste, parce qu'il n'est pas question d'abandonner ma famille, mais aussi parce que l'on aura besoin de techniciens âgés pour former les jeunes. Cette révolution était nécessaire, j'ai confiance en l'avenir du pays, il sortira de son désordre actuel, mais, en mettant les choses au mieux, tu reviendras dans trente ans.

La prédiction n'était pas si mauvaise à une époque où ceux qui partaient pour l'exil assuraient : « C'est l'histoire de cinq ou six ans et, vous verrez, les communistes seront balayés ! »

À bord, papa a entassé dans sa cantine un portefeuille avec quelques kopecks, des sous-vêtements chauds – sage précaution de sa mère –, des photographies, l'icône de sa naissance et un samovar. Il pense à cet instant où ses parents ont tracé sur son front et son cœur le signe de la croix en guise de protection et d'adieu.

L'escadre réussit à quitter Sébastopol pour une destination encore inconnue. Il vit de façon dramatique cet arrachement à sa patrie. Armés de porte-voix, les bolcheviques haranguent les marins, ils les appellent à abandonner leurs navires et à rejoindre la révolution, à demeurer pour assurer le renouveau du pays libéré de ses tyrans. Mais ceux qui les écoutent et se rallient sont aussitôt fusillés pour avoir accepté d'être mobilisés dans les armées blanches. Le massacre a lieu à bout portant dans la plus grande confusion.

Boris partage le drame de ces officiers et marins, contraints de se résoudre à l'exil. Aussi longtemps qu'il le peut, il contemple les côtes de la mer Noire, pour garder en mémoire cette terre qu'il abandonne, alors qu'y demeurent sa maison, sa famille, sa vie d'autrefois.

Papa, te souviens-tu de ces instants ? Tu as toujours refusé de nous en parler. Cette histoire t'appartient à jamais, à toi seul. Tu tournes le dos pour toujours à la Russie de ton enfance. Plus de famille, plus de passé, plus rien. Et pourtant tout ce que je raconte aujourd'hui, je l'ai su grâce à ma mère. Étrange, non ? Ce que tu lui confiais, tu ne nous le disais pas. Ni à moi, ni à Grégoire, ni à Catherine, comme si cette souffrance de l'exil ne devait pas être partagée par notre génération.

Ton escadre est arrivée dans la rade de Constantinople. Elle guette toujours les nouvelles venues de Russie. La vie est devenue difficile : plus de solde, les nuits à bord, les journées à terre, à rechercher de menus travaux pour pouvoir manger.

Sur cette période, tu as été plus bavard. Tu nous as raconté comment tu étais devenu docker sur le port de Constantinople. L'escadre possédant un navire-atelier, tu as demandé à son responsable de t'enseigner un métier manuel qui pourrait te servir en Europe occidentale. Ton voyage était loin d'être fini... C'est ainsi que tu as appris les rudiments du tournage et de l'ajustage sur métaux. Drôle de début pour un futur médecin.

À la fin de la guerre civile, la marine russe blanche rallie Bizerte, en Tunisie, alors sous protectorat français, où les navires doivent être désarmés. Les équipages sont parqués dans des baraquements. De nouveau, c'est l'attente. La Société des Nations envoie des experts qui proposent à tous les volontaires de s'engager dans la marine américaine, où ils conserveront leur grade.

Mais papa désire toujours faire ses études de médecine. À défaut de Moscou, il veut se rendre en France, à Paris, dans ce pays qu'il porte dans son cœur, grâce à sa mère, depuis son enfance. Ne pouvant bénéficier d'une bourse de la Société des Nations – qui les réserve aux émigrés russes décidés à poursuivre leurs études dans des pays limitrophes de la Russie –, il est obligé de gagner sa vie. Il se fait embaucher comme ouvrier dans une mine de potasse à Gafsa, dans le sud de la Tunisie, en qualité de tourneur, grâce à l'enseignement qu'il a reçu sur le navire-atelier de l'escadre russe.

Il reste deux ans sur place. Il reçoit des nouvelles de ses parents et leur envoie des colis de nourriture et de vêtements. Jusqu'au jour où l'un d'entre eux lui revient avec la mention :

« Les bolcheviques n'ont pas besoin des sales colis des pays capitalistes. »

Les frontières russes sont désormais fermées. On ne peut plus correspondre que par lettres, et encore, on craint qu'elles ne soient ouvertes par la censure totalitaire qui tient désormais le pays.

À Gafsa, pourtant, Boris se fait remarquer par son tempérament joyeux, chaleureux, mais aussi par son habileté. Il réussit à faire fonctionner une machine à glace qui n'avait pas marché depuis dix ans. Les premiers blocs de glace ainsi produits sont utilisés lors du transport à l'hôpital de Tunis d'un malade atteint d'une crise d'appendicite !

Comme il est plein de ressources, l'un des ingénieurs de l'usine lui confie la responsabilité d'un grand tour importé d'Angleterre, très moderne pour l'époque, mais resté inemployé, car il est étalonné suivant le système anglo-saxon. Boris établit un barème de correspondance avec le système métrique. Une semaine plus tard, le fameux tour est opérationnel. Chapeau au jeune « Rusko » !

Des coups de chapeau de ce genre, en vidant ma boîte à souvenirs, vous allez voir que j'aurai pas mal d'occasions d'en délivrer à mon père, ce héros.

III

« *IL Y A DU MARIAGE DANS L'AIR* »

Finalement, que les fils idolâtrent leurs pères est assez dans l'ordre des choses. Mais le mien, mon Boris, il lui a fallu plus de mérite qu'à d'autres pour bénéficier de cet honneur. Pour tellement de gens, l'idole, c'était ma mère. Combien de fois m'a-t-on dit avec une admiration sincère : « Ah ! Vous êtes le fils de Françoise Dolto ! » Et, chaque fois, cela me gênait un peu. Non que je me désolidarisais de ses disciples ou de ses fans. Mais, lui, je ne voulais pas qu'on l'ignore.

Oh, certes, il était l'homme, celui qui était très occupé, le médecin qui rentrait tard le soir et dont on ne profitait que le week-end ou pendant les vacances. Oh, bien sûr, malgré une tendresse évidente, il se montrait souvent assez dur avec ses enfants. Mais nous avons vite compris pourquoi.

Comme la plupart des immigrés, il voulait inculquer à ses mômes un sens du travail et des valeurs qui leur permettraient de construire eux-mêmes leur bonheur.

Moi, je sais qu'il aurait aimé que je devienne médecin. C'est pourquoi j'ai opté pour un compromis en choisissant kiné. C'était plus conforme à ma nature. Comme je le dis souvent : j'ai la main de masseur et si vous avez une culotte de zouave, on pourrait passer une très bonne soirée...

Influence du père... influence de la mère... enfant qui pose mille et une questions sans pour autant se poser la bonne, cela me rappelle une autre de mes histoires des « Grosses Têtes ». Elle se passe dans le Midi. La voici :

C'est l'histoire d'un homme qui dirige une fabrique de saucisson d'âne. Il a pris la succession de son propre père, qui lui-même avait pris la succession de son père. Il pourrait être le plus heureux des hommes, mais il a des soucis avec son fils qui n'est pas le plus malin des enfants. Il ne sait pas comment ce fils pourrait diriger sa fabrique le jour venu. Et ça le chagrine que cette si belle affaire ne puisse rester dans sa famille. Un matin, pourtant, son fils lui demande :

– Dis, papa, tu peux m'expliquer un peu comment on fabrique le saucisson d'âne ?

– Ah, mon fils, tu t'intéresses donc à la fabrique familiale ?

– Oui, papa. C'est mon avenir.

– Oui, en effet. Eh bien, je vais te montrer.

Et le père, tout content, emmène son fils visiter la fabrique.

– Tu vois, mon fils, cette très, très vieille machine en bois ? Eh bien, c'est mon arrière-grand-père, ton arrière-arrière-grand-père, qui l'a fabriquée.

– Et comment elle marchait cette machine ?

– Je vais t'expliquer. On tuait l'âne, on le poussait dans la machine, il était découpé en morceaux, puis les ouvriers lui enlevaient la peau, séparaient les os de la viande, découpaient la viande en tranches, la salaient, y ajoutaient des épices, et enfin l'entraient dans des boyaux. C'est comme ça qu'on faisait le saucisson d'âne à l'époque.

– Ah bien, papa... C'est qu'elle est vieille, cette machine !

– Eh oui, elle est vieille, et tu vois celle-ci, en acier, avec un peu de bois ?

– Oui.

– C'est ton arrière-grand-père, mon grand-père, qui l'a fabriquée.

– Ah bon, et comment elle fonctionnait ?

– On plaçait l'âne vivant dedans, un système le tuait et il sortait déjà haché. Il n'y avait plus qu'à enlever les os, trier les morceaux et les entrer dans les boyaux. Ah, c'est une belle machine !

– Oui, je vois bien, papa, en effet.

– Ça t'intéresse toutes ces machines, mon fils ?

– Oh oui, papa !

– Et tu vois celle-ci, dans le coin, tout en acier, c'est ton grand-père, mon père, qui l'a fabriquée.

– Et comment fonctionnait-elle, papa ?

– Eh bien, on mettait l'âne entier dedans, vivant. Un système le tuait, le découpait, triait les os de la viande, et celle-ci sortait déjà hachée, il n'y avait plus qu'à mettre les épices et à mettre le tout en boyaux.

– Ah oui !

– Et celle-ci en inox, tu la vois, c'est moi qui l'ai inventée il y a une quarantaine d'années.

– Ah bon, c'est toi, papa ?

– Oui.

– Et comment elle marche ?

– Eh bien, on met l'âne entier d'un côté et le saucisson sort de l'autre côté, salé, épicé, mis en boyaux, pesé, étiqueté avec le prix dessus.

– C'est formidable, papa ! Mais, dis-moi, une machine où on met le saucisson d'un côté et où l'âne sort de l'autre, ça existe une machine pareille ?

– Malheureusement oui, mon fils, elle existe cette machine : c'est ta mère !

Je l'aime bien cette histoire. Et puis elle me permet de parler un peu de maman.

Pour ça, je vous propose d'avancer un peu et de nous poser sur la case « France, lundi 22 décembre 1941 ». Ce matin-là, mon père reçoit la lettre suivante :

Cher Docteur,

Françoise nous dit que vous acceptez de venir vous joindre à nos enfants pour fêter la Noël. Avant de vous recevoir pour la première fois à notre foyer, je veux que vous sachiez que nous en sommes, mon mari et moi, tout à fait heureux.

Vous jugerez peut-être assez mal tous nos garçons, qui, lorsqu'ils sont tous réunis pour des fêtes qui leur rappellent leur enfance redeviennent de vrais enfants !

Et vous remplacerez notre fils aîné, l'aviateur d'Agadir !

À jeudi, donc, cher Docteur, et nos sympathiques souvenirs.

Suzanne Marette.

Suzanne Marette est ma grand-mère maternelle, ou plutôt le deviendra, car je suis encore dans les limbes du paradis. Boris et Françoise sont amoureux. Il y a du mariage dans l'air. L'accueil est chaleureux, mais demeure assez protocolaire. Le docteur va faire ses premiers pas dans sa future belle-famille.

Des glacières bricolées à Gafsa au « Cher Docteur » de la missive, un bon bout de chemin a été parcouru ! En Tunisie, Boris a appris l'arabe. Outre le russe, le français et l'allemand qu'il parle couramment, il cite les poètes grecs et latins dans le texte. Ce qui impressionne ma mère. Comme cela m'impressionne moi-même encore aujourd'hui : ce don des langues, cette mémoire des Slaves des temps jadis...

En 1922, comme il n'a toujours pas réussi à obtenir son passeport de réfugié, mon père décide de gagner Paris plus ou moins clandestinement avec, il faut bien le dire, des papiers de hasard. Grâce à des Russes installés en France, il reçoit une feuille d'embauche au nom d'une fabrique de savon de la région parisienne. Sur le port de Bizerte, durant l'été, il rencontre un infirmier employé sur un cargo qui fait la navette avec Marseille. Il s'entend avec lui pour le remplacer. « Système débrouille. » Le voyage est gratuit. Le voilà arrivé sur les quais de Marseille. Direction Paris, ou plus exactement Carrières-sur-Seine, à vingt-cinq kilomètres à l'ouest de la capitale. Boris dispose de l'adresse de l'ingénieur Josseron, qui va l'accueillir. Le réseau russe, toujours !

Son balluchon sur l'épaule, il fait à pied le trajet de la gare de Lyon à Carrières, où il est reçu à bras ouverts. Sitôt installé, il va à la recherche de sa savonnerie. Surprise : elle n'existe pas ! Il prend contact avec le camarade qui lui a envoyé son attestation sur un magnifique papier à en-tête. L'autre rigole :

– Tu voulais un certificat d'embauche... et tu veux une embauche en plus ? Tu en demandes trop : le certificat, c'était déjà beau !

Exact, car sans ce document et sans l'adresse des Josseron, il aurait certainement été refoulé à Marseille.

Aujourd'hui, quand j'y pense, je sens combien ce parcours d'émigré qui a survécu comme un quasi-clochard sur les quais de Constantinople a fortement marqué mon subconscient...

À Paris, Boris se mêle à l'importante colonie russe. On se donne des tuyaux, on se refile des petits boulots : le jeudi et le dimanche, il est garçon de piste au Nouveau Cirque, puis au Cirque d'Hiver. Certains soirs, il fait des remplacements dans les coulisses des Ballets russes – il adore la musique de Stravinsky !

Il dégotte un vrai travail de nuit, à Boulogne, chez Renault, puis chez Citroën, dont il gardera un si bon souvenir qu'il n'achètera toute sa vie que des voitures de cette marque. Dans le même temps, sitôt qu'il reçoit de son père son diplôme d'études secondaires obtenu en Russie, il s'inscrit en faculté de médecine. Dur, dur ! Je pense à lui, galopant chaque jour des salles de cours jusqu'à l'usine. Il a tout fait : livreur de journaux, infirmier, enfin professeur d'anatomie dans une école de massage, celle du docteur Kopp !

La façon dont il s'est débrouillé mérite d'ailleurs d'être narrée. Après une année probatoire, il a commencé sa médecine. Il a trouvé une chambre dans un petit hôtel meublé du treizième arrondissement. Ses économies lui ont permis d'acheter d'occasion son premier meuble, un bureau qui m'a suivi partout.

Il est très surpris que le programme d'enseignement, en première et deuxième année de médecine, ne comporte pas, comme en Russie, le massage et la physiologie du mouvement. Le secrétariat de la faculté, auprès duquel il s'inquiète de cette lacune, lui répond que ces manières sont, non pas du ressort des médecins, mais des praticiens sans formation supérieure. S'il tient à s'initier à ces techniques il n'a qu'à s'inscrire dans une école du Quartier latin qui organise des sessions d'été sous l'égide de son directeur, le docteur Kopp. C'est ce qu'il fait dès la fin de sa première année de médecine, tandis qu'il travaille encore chez Renault.

Au bout de quelques semaines, le docteur Kopp finit par s'étonner des progrès accomplis par ses élèves en anatomie, alors que, d'habitude, les étudiants sont plutôt enclins à « patauger » dans la discipline.

Tous fournissent la même explication :

– On a un Rusko qui nous fait des sous-colles au café du coin. Avec lui, on comprend tout. Il est formidable, et il ne nous fait pas payer. Il paraît qu'il est apprenti toubib.

– Je veux le connaître, réplique le directeur. Dites-lui de venir me voir.

C'est ainsi que Boris fait la connaissance du docteur Kopp, un Alsacien de Strasbourg, cultivé et chaleureux, dont la famille est venue s'installer en Île-de-France après la guerre de 1870. Ils nouent des liens d'estime et d'amitié. Kopp, n'ayant pas d'enfant, considère rapidement Boris comme son fils.

Dès la deuxième année de médecine, papa se retrouve engagé à l'école comme professeur d'anatomie, ce qui lui permet d'échapper à son travail de nuit à l'usine. Enfin il gagne bien sa vie, tout en exerçant un métier qui le passionne ! Dans la journée, il fait un ou deux massages en ville et, durant la saison d'été, part travailler dans une station thermale. Il bouillonne d'idées sur la kinésithérapie, le traitement par le mouvement – et non le simple massage, au cours duquel le malade reste passif.

En 1929, il est naturalisé français. Malheureusement, tandis qu'il effectue sa troisième année de médecine, Paris devient le théâtre de manifestations xénophobes et de grèves au cours desquelles on scande dans la rue : « La France aux Français ! » Un décret établit que les étudiants en médecine d'origine étrangère ayant bénéficié d'une équivalence du baccalauréat ne pourront pas se prévaloir d'un diplôme d'État. Ils obtiendront seulement un diplôme universitaire. Interdits de pratiquer en France métropolitaine, ils n'ont pas non plus le droit d'exercer dans les colonies.

Mon père décide alors de passer les examens français. En comptant le baccalauréat, la propédeutique, les première et deuxième années de médecine, il lui faut deux ans. Ce délai forcé décourage ses camarades ou les conduit à s'établir en Afrique du Nord ou à

Madagascar. Boris, lui, saura en tirer profit. Il approfondit ses connaissances en civilisation française et en philosophie !

En 1934, médecin diplômé, il va s'attacher avec son ami Kopp à la transformation de l'École française de massage. Ensemble, ils fondent l'École française d'orthopédie et de masso-kinésithérapie, l'Efom, établissement original, proposant un cursus de deux années en parallèle avec le système universitaire, avec un recrutement de haut niveau. Boris en assure la direction pédagogique, Kopp la direction médicale et administrative. Simultanément à cette activité d'enseignement, Boris dispense ses soins à la clientèle du cabinet qu'il vient d'ouvrir. Quelques années avant la guerre, Kopp meurt et mon père prend la direction générale de l'Efom.

Mais la guerre survient pour mon père comme pour d'autres. La France n'est pas seulement pour lui une terre d'accueil. Il va se battre pour elle. En 1940, alors qu'il est médecin de l'armée, sa jeep saute sur une mine. Dans cet accident, dont il est le seul survivant, il laisse la moitié d'un poumon !

C'est ma mère, Françoise, qui raconte comment elle a connu son homme, en 1941 : « Il avait lu ma thèse, parue en juillet 1939, et n'avait pas hésité à envoyer l'une de ses jeunes patientes, une fillette bègue, à la consultation psychanalytique que j'assurais à l'hôpital Trousseau. C'était la première consultation de ce genre, dans le cadre du service neuropsychiatrique d'un hôpital général pour enfants.

« Ma vocation tirait sa source des écrits du docteur Trousseau, éminent pédiatre du XIXe siècle dont j'avais lu au cours de mes études de pédiatrie, en quatrième année de médecine, les superbes exposés cliniques. En dépit de la faiblesse des moyens de diagnostic dont on disposait à cette époque de grande mortalité infantile, j'avais été subjuguée par ses capacités d'écoute, d'attention, d'observation, à l'affût des symptômes les plus discrets. Il m'avait aussi envoûtée par l'importance qu'il attachait à la relation entre la mère et l'enfant, comme à la part d'angoisse qui peut travestir les signes cliniques.»

C'est donc grâce à cette fillette bègue que maman entre en contact épistolaire avec le docteur Dolto, qu'elle rencontrera ultérieurement chez Robert Desoille, l'inventeur de la méthode du rêve éveillé.

IV

« MAMAN, MÉDECIN DE L'ESPRIT »

Le cheminement de ma mère a, lui aussi, quelque chose de lumineux. Toute jeune, elle décide de devenir « médecin d'éducation ». Sa propre maman, pour qui passer le bac constitue déjà un vrai scandale, lui dit : « Des études, fais-en si tu veux, mais ne passe pas le bac. Non, une fille qui a son bac n'est plus mariable. »

On connaît la suite : médecin en 1939 et mariée en février 1942 !

Il y a un détail sur elle et moi que je voudrais raconter d'emblée.

Enceinte de moi, elle est souvent sujette à d'irrépressibles accès de sommeil. C'est la guerre, on ne se déplace à Paris qu'à bicyclette. Mais, quand ça la prend, ça la prend ! Elle s'arrête, descend de vélo et, hop, fait un petit roupillon n'importe où. Dix minutes plus tard, ragaillardie, la voilà de nouveau en selle !

Les semaines passent. Moi, je suis bien au chaud dans son ventre. Pas envie d'en sortir.

Mercredi 17 février 1943, les contractions la surprennent en pleine nuit. Mais, à sept heures du matin, plus rien. Les trois jours suivants même scénario, jusqu'au samedi. Mais, là encore, branle-bas de combat le soir et silence radio le matin ! Ma mère a beau sauter, s'agiter, gesticuler dans tous les sens pour me faire descendre, rien n'y fait... il faudra employer les fers pour m'extraire de son ventre.

Je refusais en quelque sorte de quitter le liquide amniotique. L'eau était déjà mon élément de prédilection. C'est sans doute pour ça que j'aime autant la mer... et ma mère !

Les deux conseils que le médecin qui m'a mis au monde a prodigués à l'adulte que je suis devenu furent d'ailleurs les suivants :

– Tous les matins, prends un grand verre d'eau et choisis une femme dont l'odeur te plaît !

Le 20 février à midi, à la clinique Isis des Gobelins, le docteur Julien peut enfin me présenter à ma mère. Elle a l'air un peu déçu :

– C'est dommage, ses oreilles ne sont pas ourlées !

Et l'autre de rétorquer :

– Vous avez un garçon. On ne peut pas tout avoir. Moi je le trouve très réussi.

Il fallait que je réagisse vite. Eh bien, dans la journée, mes oreilles se sont ourlées ! C'est ainsi que j'ai vécu mes premières heures : avec la meilleure volonté du monde. Né pour le meilleur, et pas trop disposé au pire. L'époque n'était pas à la folle gaieté, mais c'était un samedi et j'avais le week-end pour voir venir...

Officiellement, je m'appelle Ivan Chrysostome, autrement dit Jean Chrysostome, prénom venu en droite ligne des icônes byzantines. Père de l'Église grecque, né à Antioche au IVe siècle, évêque de Constantinople, Jean avait un talent d'orateur qui lui valut d'être surnommé Bouche d'Or. Pas mal comme choix pour un futur chanteur. Pour plus de simplicité, on m'appellera Jean. Pour les intimes, je serai Titi (Titi-Boss est une marque de caramels russes !) ou Tartare (pas celui des steaks, mais celui des steppes). Pour ma mère, ce sera plutôt Vania, Vaïnka et Vaniouchka !

À sept mois, j'inaugure une carrière d'alpiniste en grimpant la dizaine de marches qui mènent à l'étage supérieur de notre immeuble. Ma mère me cherche dans l'appartement, trouve notre porte d'entrée entrouverte, et me voit là-haut, hilare, fier de mon exploit. Malgré un instant de panique, elle ouvre la bouche sans crier. Je ressens son angoisse et mes yeux s'écarquillent. Mais elle monte l'escalier, me prend dans ses bras et me félicite :

– Tu es capable de grimper ? Bravo ! Tu peux recommencer tant que tu voudras.

Comprend-on tous les sens des mots dès cet âge ? Peu importe ! J'avais saisi la douceur, la sérénité de sa voix. Et cela laisse des traces indélébiles. Ces expériences de la toute petite enfance se révèlent essentielles au devenir. Quand, devenu adulte, vous vous retrouvez certains soirs dans les coulisses, juste avant d'entrer en scène, vous avez le trac comme tout le monde, mais vous vous dites : heureusement que l'on m'a fait confiance quand j'étais petit, que l'on m'a appris à ne pas avoir peur du danger et à l'apprivoiser.

Après l'aventure de l'escalier, il y a celle de l'échelle de ménage ! Je grimpe, dégringole, remonte. Tout cela mille fois de suite. Une véritable métaphore de notre vie sur cette terre ! Ma mère me laisse faire. Du coup, lorsque toutes mes peluches dégringolent alors que je suis tout là-haut, interdiction absolue de demander à qui que ce soit de me les ramasser !

Françoise s'amuse de mon goût pour l'autonomie. Elle ne cessera de le favoriser.

Âgé d'un peu plus de dix mois, et alors que je commence tout juste à parler, je refuse la poussette. Pour bien le faire comprendre à la malheureuse chargée de me promener, un de mes trucs consiste à m'asseoir par terre dans le jardin public, à me rouler dans la poussière ou, de préférence, s'il a plu, dans la boue... La pauvre baby-sitter est consternée. Ce petit jeu s'étant renouvelé plusieurs fois, ma mère décide de m'emmener elle-même afin de comprendre la manœuvre, et l'ampleur des dégâts. Re-poussette. Rebelote ! Je me jette par terre et patauge avec volupté ! Françoise me regarde, réfléchit et, mère apparemment indigne, laisse son rejeton se vautrer ! Elle attend. Après quatre ou cinq minutes de bain de boue, je contemple mes mains, noires bien sûr, puis cette maman qui me sourit, attentive et bienveillante. Alors, je me redresse et cours vers elle, très content. On repart tous les deux à pied, comme s'il ne s'était rien passé.

Elle me demande de raconter. Je prononce quelques mots assez sibyllins d'où il ressort que : « J'avais plus de jambes ! » Elle décrypte aussitôt que la poussette m'empêche de marcher, me prive de mes moyens, me limite et donc m'ampute d'une partie de mon corps.

Alors elle m'explique : « D'accord. Tu vas marcher. Mais on va quand même prendre la poussette parce qu'il arrive que les jambes soient fatiguées et, dans ce cas, on est bien content de se reposer un peu ! »

J'ai trouvé ça super. C'est tout de même agréable d'avoir une maman géniale ! Quelqu'un manquant de cette tendresse et de cette intelligence aurait vite tranché : « Cet enfant est capricieux et sale. Il ne mérite qu'une fessée. »

Et alors traumatisme et fureur n'auraient été qu'en s'amplifiant. Cette écoute, cette bienveillance de ma mère ne m'ont jamais quitté et j'ai tenté de les faire miennes. Quand quelqu'un déconne dans mon entourage, j'essaie de comprendre pourquoi il se conduit bizarrement. C'est comme ça qu'on parvient à dédramatiser et à arranger bien des choses.

En attendant, grâce à une fillette bègue, mon père et ma mère se sont rencontrés. Eh bien, avec moi, ils ne vont pas le regretter ! Je suis, grâce à eux, gentil, intelligent, modeste et beau : le petit dieu de la maison. Le seul, l'unique ! Sauf qu'un jour le ventre de maman commence à s'arrondir à nouveau. Alors je deviens méfiant. J'ai vingt et un mois et les choses, déjà, se gâtent. Quand maman s'intéresse à la layette du bébé à venir, je me déchaîne. J'attrape tout ce qui me tombe sous la main, je jette par terre et je piétine. Pas content, Titi-Boss !

Quand mon frère cadet Grégoire paraît, il n'est franchement pas plus attirant que mon poupon en celluloïd que j'ai délaissé depuis quelques mois et auquel, soudain, je retrouve de l'intérêt. Un nez, une bouche, les oreilles et le reste. Mais, le troisième jour, alors que cette arrivée a déclenché chez moi un bégaiement de plus en plus marqué, je vois ma mère donner le sein à l'intrus. Épouvanté, je crie :

– Non, non ! Pas, pas, pas manger maman !

Horreur, j'ai un frère anthropophage !

Françoise m'explique :

– Gricha ne mange pas. Il boit du lait comme toi, lorsque tu étais un tout petit bébé.

Je m'enfuis et me réfugie chez Simone, notre bonne. En sa compagnie, je cesse très provisoirement de bégayer. Mais la scène se répète cinq jours durant et, chaque fois, tout repart de plus belle. Cela me rend furieux : lorsque je demande un objet et qu'on me le donne avant que j'aie fini de prononcer le mot, ça se passe mal, je le jette par terre. Je veux à tout prix réussir à m'exprimer jusqu'au bout, et correctement.

Au bout de trois semaines, alors que maman s'apprête à me coucher, je prends un air de conspirateur, je la traîne par la main vers le lit de Simone. Je soulève la couverture et découvre mon baigneur en celluloïd.

Maman : Qu'est-ce que c'est, Jean ?

Moi : C'est c'est u-u-u une bonne face pour Amone ! (Une bonne farce pour Simone.)

Même manège le lendemain mais, cette fois-là, le baigneur est sur le lit. J'appelle :

Moi : A... A... Amone, viens voir !

Elle arrive et dit d'un air fâché :

Simone : Oh, mais qu'est-ce que c'est que ça ?

Moi : C'est.... c'est... c'est... Gri... Gri... Gricha.

Simone, d'un air réprobateur : Oh !

Moi, accusateur : Gricha a pris a place à Amone !

Simone, perplexe : Qu'est-ce qu'il faut faire ?

Moi : Faut fai-fai-fai faire patir !

Fine mouche, Simone saisit le bébé en celluloïd, le lance par terre. J'abandonne la main de ma mère, me jette sur le bébé et, dans un final grandiose, à coups de pied et de poing, j'évacue l'usurpateur. Puis je reprends le poupon dans mes bras et avec une élocution sans faille je le berce tendrement :

– Dodo, Gricha, fais dodo.

Françoise est ravie. Moi aussi. Dès cet instant, je n'ai plus jamais bégayé, je me suis mis à aimer vraiment mon frère d'un amour qui ne s'est jamais démenti. Et, si j'en crois ma mère, le répertoire de mon vocabulaire a alors doublé en deux semaines.

Plus tard, en découvrant la correspondance de Françoise avec l'une de ses amies, la psychanalyste grecque Frosso Carapanos, j'ai trouvé ces quelques lignes assez fascinantes :

Pour votre petit bègue, ce sont des problèmes d'agression ressentie à l'âge prégénital, analphallique, qui se sont traduits sur le mode oral. Vous pourrez l'aider en lui faisant faire des récits où il s'identifierait à des lions ou tigres, d'abord en liberté dans la nature de son choix, puis en conte, comme avec un charme qui aurait métamorphosé un prince qui serait, sous cette forme, un serviteur d'un roi prisonnier en exil.

Bref des agressions orales justifiées lui feraient du bien, de même que des jeux où il serait soi-disant un autre que lui, avec marque, ou avec « accent » provincial ou étranger. Il serait étonné de s'apercevoir qu'il ne bégaierait pas. Vous pourriez ou non chercher avec lui une explication de cette différence : la sécurité pour lui quand il est camouflé.

Élémentaire, mon cher Watson !

À propos de bégaiement, mais cette fois à la manière des « Grosses Têtes », vous connaissez l'histoire des deux bègues qui boivent un coup dans un bar-tabac ?

Le premier lance un défi au second :

– T'es t'es t'es pas pas cap cap capable d'a d'a d'aller a a a che che cheter des ci des ci des ci gar gar ettes sss sss sssans bé bé bégayer.

– Je je suis suis pas pas ca ca capable ?

– N n n non !

– Qu'est qu'est qu'est-ce qu'on qu'on pa pa pa parie ?

– Ch ch ch champagne !

– O O OK ! j'y j'y vais.

Il se concentre, se place devant la buraliste et dit à la vitesse grand V :

– Un paquet de Marlboro.

– Un paquet de Marlboro. Voilà, monsieur, ça fait cinq euros.

Il revient, brandit le paquet sous le nez de son copain et dit :

– Et et et ça c'est c'est c'est quoi peut peut-être ?

– Ah, ben cha cha cha chapeau, je je je vais essayer, m m moi au aussi.

Il se concentre à son tour, s'approche de la buraliste et dit à la vitesse grand V :

– Un paquet de Gitanes.

– Oui monsieur. Vous les voulez avec, ou sans filtres ?

– Sa sa sa salope !

Ma mère a toujours travaillé, mais sans jamais cesser de s'occuper de nous. Pour tous, elle distillait, en les symbolisant, trois choses : la tranquillité, le calme et le bonheur.

Elle a, professionnellement, fait un boulot extraordinaire et magnifique que jamais personne n'égalera sur le comportement de l'enfant. Mais, de façon plus intime, ce qu'elle nous a surtout appris, c'est la valeur d'un enfant.

Grâce à elle, j'ai compris que le merveilleux de la vie, ce n'était pas forcément *ses* enfants – c'est sans doute pour cela que je n'en ai pas eu – mais *les* enfants.

J'ai compris qu'un enfant, c'est cette jeune plante qui entame son existence les yeux ouverts sur la douceur du liquide amniotique et qui, un jour, doit sortir et se retrouver tout seul, aux prises avec un avenir très différent, quoi qu'en disent ceux qui croient à l'astrologie, selon qu'il voit le jour à Calcutta ou dans le seizième arrondissement !

Un enfant, beau, tendre, naïf à la fois, plein d'envies et de curiosité, est prêt à tout croire, mais avec le pressentiment très net que tout reste à découvrir. Et c'est ça le cadeau du bon Dieu : qu'il y ait toujours et encore des enfants qui arrivent pour expliquer aux adultes qu'ils sont peut-être de vieux cons !

Ce bon Dieu, je crois que maman y croyait un peu. Certes, elle n'allait jamais à l'église et évitait soigneusement de tomber dans la bondieuserie, mais elle a tout de même écrit *L'Évangile au risque de la psychanalyse*, et Lacan lui-même, dont la thèse repose comme celles de ses disciples sur la négation de l'existence de Dieu, s'est étonné un jour des prises de position de maman, qu'elle était d'ailleurs à peu près seule à assumer.

En fait, elle pratiquait l'œcuménisme. Elle n'était pas pratiquante mais elle envoyait régulièrement de l'argent aux représentants de tous les cultes. Elle était œcuménique dans tous les domaines d'ailleurs, sachant aider le teigneux comme le trop affable, le pauvre comme le riche, et les représentants de toutes les cultures.

Je repense soudain à l'un de ses amis qui avait tout compris d'elle avant les autres, avant même mon père.

« *Ma petite Françoise, je suis heureux de t'avoir.* »

Quelle belle façon d'honorer à la fois une femme et un auxiliaire. Cette jolie formule, c'est la première d'une lettre à la fois intime et retenue qu'un immense acteur a adressée à maman avant qu'elle ne soit mariée, avant que lui-même ne triomphe dans *Les Visiteurs du soir*.

Il était déjà cet homme tourmenté à la voix sourde qui s'imposera sur la scène comme sur l'écran. Elle l'avait rencontré dans le Midi, dans ce village de La Roquebrussanne où il avait choisi de vivre seul, au milieu des vignes, dans une cabane à outils.

Là, un jour, tandis qu'elle empruntait le chemin qui la menait chez son analyste, Alain Cuny avait surgi muni d'une arme à feu et lui avait barré la route comme un bandit de grand chemin. Sidérant mais, finalement, peu dangereux puisqu'il se déclara aussitôt prêt à retourner son arme contre lui. Il devint rapidement l'ami de maman dont il fit sa confidente.

Le reste de sa lettre est magnifique :

Mon affection pour toi est imparfaite. Je me sens même si fragile que je n'ose en garantir toujours l'expression.

Cependant dans la mesure où je peux sentir mon cœur, j'y trouve quelque chose de tressé entre toi et moi. Disons que je t'aime bien et que je supporte comme une nouvelle (ancienne aussi) privation mon impotence affective, mon mutisme, mon état de manchot. Je t'embrasse néanmoins. Tu sais, si sèche que soit ma bouche, peut-être ta joue y mettra-t-elle un peu de souplesse.

Pour parler de ma mère avec autant de pudeur et de saveur, il faut se lever sacrément de bonne heure, non ? Et moi, me lever tôt, à part pour aller à la pêche, ça n'a jamais été mon fort !

V

« LA RIBOULDINGUE... DOMESTIQUE »

Plus j'y pense, plus je me dis que nous avons eu de la chance, Gricha, Katouchka et moi, d'avoir eu des parents d'âge déjà mûr à notre naissance. Françoise a déjà trente-six ans et Boris, quarante-quatre, lorsque j'arrive au monde. Il est clair, dès qu'ils se rencontrent, qu'ils sont faits l'un pour l'autre. Mieux que cela d'ailleurs puisque le destin leur a concocté une surprise et placé sur leur route un signe prémonitoire.

Une nuit, quelques années avant leur rencontre, Boris aurait en effet rêvé de Françoise. Une sorte de rêve éveillé où il l'aurait prise en auto-stop dans l'Esterel. Impossible, me direz-vous ! Pourtant, lorsqu'il précise la date de cet événement virtuel, leurs agendas concordent : à l'époque, Françoise était effectivement en villégiature dans la région et se déplaçait en stop !

Du coup, lorsqu'il la « revoit » pour de vrai la première fois, il est comme pétrifié et incapable de parler. Françoise, elle, ne fait pas tout de suite la relation entre le docteur Dolto à qui elle a écrit à propos de l'enfant bègue reçu à sa consultation de l'hôpital Trousseau et ce bel homme brun dont elle fait la connaissance chez Robert Desoille... Et puis, au fil de la conversation, tout s'éclaire. Ces deux-là sont déjà depuis longtemps en connivence intellectuelle. Boris n'a sans doute jamais pris Françoise en stop, mais il y a entre eux de telles coïncidences et une si grande force qu'ils ont fini par croire à cette légende !

À la maison, la réalité dépassait souvent la fiction et, s'il me fallait caractériser l'atmosphère qui y régnait, je dirais que c'était « incroyablement vivant ». Des gens de toutes les nationalités, de toutes les professions, de toutes les confessions s'y retrouvent : hommes de sciences, comédiens, poètes, catholiques, orthodoxes ou hétérodoxes, prêtres défroqués, parlant toutes les langues. Notre appartement est alors une véritable tour de Babel !

Dans cette foldingue série, le 28 novembre 1944, jour de naissance de Gricha, est à marquer d'une pierre blanche. Nous habitons au 260 rue Saint-Jacques, à Paris, juste en face de l'église Saint-Jacques-du-Haut-Pas, à un jet de pierre du jardin du Luxembourg, dans un appartement en étage que mes parents garderont toute leur vie. Ma mère a décidé d'accoucher là. On a beau être à la fin de la guerre, la vie quotidienne est toujours aussi difficile, et ce diable de Grégoire a l'intention de faire son apparition avant que notre accoucheur préféré, le docteur Julien, n'arrive ! Mon père s'improvise aussitôt « sage-homme ». Pour détendre sa femme en cours de travail, il lui donne à respirer un peu de chloroforme. Elle s'abandonne, ferme les yeux... Quand, inquiet de sa soudaine somnolence, il lui tapote la joue et demande :

– Françoise... ça va ?... Ça va ?

Encore étourdie, ma mère a alors cette phrase formidable :

– Ne t'inquiète pas, l'homme est sur le chemin des dieux !

La tête de l'enfant finit par apparaître. Le voilà même en entier. Mon père l'extirpe. À l'instant où il coupe le cordon ombilical, toutes les pendules de la maison s'arrêtent, et l'appartement se remplit de coccinelles. Des bêtes à bon Dieu à Paris, en novembre. Déjà hallucinant !

Mais on ne va pourtant pas en rester là.

Le docteur Julien arrive enfin, escorté d'une infirmière. Mon père peut retourner à son cabinet de travail. Tandis que le médecin s'occupe du nouveau-né, le téléphone sonne une fois, deux fois, trois fois. L'infirmière quitte chaque fois la chambre pour aller répondre. La troisième fois, elle revient vers ma mère, l'air particulièrement dubitatif :

– Madame, excusez-moi, mais cela fait trois fois que le monsieur qui appelle me demande juste de raccrocher.

– Oui, oui, c'est très bien ! Si l'on vous demande de raccrocher, raccrochez, lui répond joyeusement ma mère.

Interloquée, la jeune femme se demande sûrement si cette réponse n'est pas un effet secondaire du chloroforme ! Mais la solution de l'énigme est ailleurs, toute simple : le curieux interlocuteur n'est autre qu'un vieil ami russe de papa, un nommé Vakroucheff, qui ne parle pas un mot de français. Lorsqu'il téléphone, il répète inlassablement : « Vakroucheff, Vakroucheff », jusqu'à ce qu'on aille chercher Boris. Comme on ne peut rien lui expliquer, le code convenu entre mon père et lui c'est que si papa n'est pas là, Vakroucheff raccroche et rappelle plus tard. Entre la similitude des mots « Vakroucheff » et « raccrocher », et le code, l'infirmière ne pouvait vraiment pas deviner !

Pourtant la saga du jour n'est pas encore achevée. Quelques instants plus tard, tandis que ma mère, radieuse, tient dans ses bras le divin enfant, la brave infirmière réapparaît, l'air affolé :

– Je suis désolée, madame, mais cette fois, il y a au téléphone quelqu'un qui demande s'il peut venir chercher la tête du petit pour la faire cuire !

– Oui, répond ma mère imperturbable, qu'il vienne la chercher, elle est prête.

L'infirmière ouvre cette fois des yeux qui reflètent tout à la fois l'horreur, un début de démence et l'indignation. Mais Françoise n'explique rien de plus. Il s'agit en vérité de la tête en terre glaise que le sculpteur Jean Lambert-Rucki avait faite de moi quelques jours plus tôt, et qui séchait dans le bureau de maman. L'infirmière a quitté cette maison de dingues, épouvantée. On ne l'a plus jamais revue. A-t-elle vraiment cru qu'il était question de trancher la tête de mon petit frère et d'en faire un pot-au-feu ?

Cela étant, franchement, et ce n'est pas pour me vanter, le portrait qu'a exécuté Lambert-Rucki est vraiment très mignon. Je l'ai chez moi, sur l'un des rayons de ma bibliothèque, cuit pour l'éternité ! J'y porte, comme auraient dit mes grand-mères « des boucles... absolument adorables » !

Au fil des années, la vie familiale n'a jamais vraiment cessé d'être une sorte de ribouldingue domestique. À la maison, quand quelque chose n'allait pas, on en parlait clairement et, si les portes claquaient, c'était seulement parce qu'on n'avait pas eu le temps de s'expliquer.

Cela valait surtout pour les personnes étrangères à notre cercle.

Je me souviens d'une drôle d'histoire qui m'est arrivée, quand j'étais encore bambin, avec l'une des multiples jeunes filles qui nous gardaient. Celle-ci s'appelait Marie, nom prédestiné pour me faire un cours sur le Christ. Moi, tout fier de ma science à la fois historique et divine (j'ai été élevé dans la religion catholique du côté de ma mère et orthodoxe du côté de mon père), je lui déclare : « Jésus était juif. » Pan ! Elle me gifle. Je hurle. Maman accourt. Marie est offusquée :

– Madame, Monsieur Jean a blasphémé. Il a dit que Jésus-Christ était le roi des juifs.

– Mais oui, Marie, répond maman, Jésus était juif.

Marie a claqué la porte. On ne l'a pas plus revue que l'infirmière ! C'est drôle, j'ai l'impression parfois, en me remémorant cette saynète, avec tout ce qu'elle comprend de préjugés et d'ignorance, que nous vivons au Moyen Âge !

Mais un Moyen Âge peuplé d'une foule d'amis. Ma mère n'aimait rien tant que cette multitude de gens chez elle. Les visiteurs ne se retrouvaient pas là pour pérorer ou faire étalage de leurs connaissances, mais pour échanger des idées et, souvent, des émotions. Il n'était pas rare que l'on soit dix et plus à table. Au nombre des habitués, il y avait des psychologues et des psychanalystes comme Dorge et Lafforgue. Il y avait aussi le Chinois, M. Muk, qui organisait dans son restaurant, *L'Empire céleste*, des repas suivis de spectacles, et qui chantait une chanson faisant référence à une chique de bétel, ce qui nous a beaucoup marqués, mon frère et moi.

Il y avait encore le Guinéen Fily Dabo Sissoko, au visage scarifié. Et Rao, le... fakir ! Un soir, alors que nous refusions de nous coucher, pour nous épater, il a avalé un verre, au grand dam de la gouvernante qui avait dressé la table et mis le plus beau service ! L'événement m'a valu des coliques une bonne partie de la nuit, jusqu'à ce que ma mère vienne me rappeler que ce n'était pas moi qui avais englouti le fameux verre !

Nous recevions encore les visites du cinéaste Jean Rouch et de Robert Gessain, l'un des principaux équipiers de Paul-Émile Victor, et futur directeur du musée de l'Homme. Et puis il y avait aussi un prêtre défroqué dont je ne me rappelle plus le nom, et Michel Granier, le parrain de mon frère, qui était médium et faisait des recherches sur l'autogire. Je l'appréciais peu car, à la différence de mon parrain Louis Renou, indianiste et professeur de sanskrit, il donnait de l'argent à son filleul, ce qui me rendait très jaloux ! Il y avait enfin Jacques Lacan, Andrée Chedid et son mari (les parents de Louis et les grands-parents de Matthieu, alias M), Jean Rostand ou Alain Cuny...

Tous venaient se ressourcer au contact généreux de ma mère, à son esprit toujours en éveil, à la vitalité de mon père, à cette convivialité que l'un et l'autre savaient si bien dispenser.

VI

« LA SLAVITUDE : UNE CERTITUDE »

Mes racines russes, je n'en ai jamais fait état. Elles n'ont même pas transparu au fil de mes musiques, de mes chansons ou de mes films. Pourtant, à la fois plus légères que toutes mes apparences et plus profondes que toutes mes « subconsciences », elles ont guidé ma vie. Elles l'ont fixée dans une terre dont je suis fier.

Ma « slavitude », comme dit mon amie Sylvie : une certitude. Notre slavitude, celle de mon père, bien sûr, mais aussi celle de ma sœur – Grégoire, lui, est bien plus façonné par le moule maternel – et la mienne, furent beaucoup plus qu'une attitude.

Mes racines me font voyager, tout môme, dans le temps. Je rêve de steppes et de chevaux. Je suis aux côtés de Tarass Boulba. Je suis la réincarnation de l'ataman Soloto, notre légendaire ancêtre. Je suis habillé en boyard ou en tsarévitch, avec un costume de soie brodé d'or, un yatagan et une toque de fourrure noire. Je bois du vin de Crimée dans un hanap ! Quand on me demande ce que je veux faire plus tard, je réponds : « Cosaque ! » Normal, j'ai six ans, mon imagination galope dans les plaines du Caucase. Svetlana, la jeune fille russe qui s'occupe de moi, m'a montré des livres pleins d'enluminures. Leurs caractères cyrilliques me fascinent, tout comme sa longue natte blonde et ses yeux clairs. Au cinéma, j'ai vu *Michel Strogoff*. Et je sais qui est Jules Verne ! Dostoïevski et Raskolnikov, ce sera pour plus tard.

Mes instincts guerriers sont en éveil. Comme il n'est pas question d'être cosaque à Paris, je suis le chef des Attaquants, dont j'ai déjà parlé, une bande de loustics du quartier Saint-Jacques. Nous sommes vingt-cinq environ. Le boss, c'est toujours moi. Notre terrain de chasse ? Le jardin du Luxembourg. C'est à la fois notre plaine d'Ukraine et notre Far West ! Il y a Loulou, le fils du concierge d'à côté, Robert, le fils du coiffeur, Jean-Paul, le fils du boulanger de la belle place en demi-cercle en face de l'église du Val-de-Grâce, des copains d'école, des enfants du quartier, et quelques égéries, bien sûr !

Du côté du grand bassin, on fait valdinguer les casquettes, on mène la vie dure aux gardiens en pèlerine et képi qui nous sifflent à pleins poumons, on détourne les voiliers, on tourmente les marchands de réglisse et de coco boer planqués dans leurs petits kiosques vert sapin, on pique les ballons, on se les renvoie à toute vitesse... un vrai festival ! Règle d'or, je le rappelle : on ne touche pas aux amoureux et aux clochards. Pourquoi ? Parce que ce sont des poètes. « Slavitude », vous dis-je !

Le côté frondeur et tête de bois de cette bande organisée aurait pu inquiéter ou indisposer certains parents. Tel ne fut pas le cas de ma mère, qui prit même le temps d'organiser à la maison de somptueux goûters pour les Attaquants. Chocolat, jus d'orange, gâteaux secs et brioches... Elle avait compris comment optimiser le monde semi-réel, semi-imaginaire dans lequel je me complaisais.

Mon père, lui, parle de moins en moins de sa Russie natale. C'est la guerre froide. L'Union soviétique est enclose derrière son rideau de fer.

Non sans douleur, il a fait une croix sur sa vie passée. Jusqu'en 1939, il a reçu chaque mois des lettres de ses parents. Sa mère ne s'y plaignait jamais de son éloignement, ce dont il lui était profondément reconnaissant. Mais, à partir de la déclaration de guerre, plus un seul courrier, plus rien.

À maman, il déclare un jour :

– Ma très sainte mère aurait été si heureuse de te connaître ! Elle m'écrivait qu'elle priait chaque jour pour que je trouve la femme qu'il me fallait. Et tu vois, je l'ai trouvée, et elle ne l'a pas su !

Larissa, sa sœur cadette, a été enrôlée dans les Jeunesses communistes. Pianiste, excellente musicienne, elle a été chargée d'assurer la conservation du répertoire traditionnel de chants et danses du Kazakhstan. La troupe folklorique qu'elle a fondée a eu l'honneur de présenter son spectacle au Kremlin... Un jour, alors que Boris a passé sa thèse de docteur en médecine, il reçoit de sa sœur une épître comminatoire lui enjoignant de regagner son pays. Larissa l'assure que sa « trahison » – c'est ainsi qu'elle qualifie son départ – serait pardonnée, à condition qu'il vienne s'établir sous sa protection comme médecin au Kazakhstan. L'Union soviétique a besoin de lui. S'il n'obéit pas, elle considérera qu'elle n'a plus de frère...

Boris répond par la négative. Exilé à jamais, il garde la nostalgie de la sainte Russie : le climat ensoleillé de sa Crimée natale, les vastes forêts de bouleaux, les randonnées de chasse et de pêche, les visites chez les paysans où l'on mangeait le bortsch dans des assiettes creusées à même la table. La langue russe surtout, avec ses poèmes, ses proverbes, ses légendes. Tout cela s'est anéanti dans la grisaille, la tristesse, la misère, les contraintes d'un univers totalitaire.

Le régime stalinien fabriquait des photomontages où l'on voyait des files d'attente dans les rues, devant les boutiques, pour « prouver » que la famine régnait en Occident. Et le père de Boris se désolait à la pensée que son fils pouvait être dans le besoin. Il s'agissait en vérité de reportages sur des commerces de luxe, comme Fauchon ou Hédiard, au moment de Noël ! On attendait pour chercher ses andouillettes à la truffe, son saumon, son caviar, son foie gras, son chapon ou sa bûche... Les malheureux Soviétiques croyaient dur comme fer à cette propagande. Pour ce qui était de leur propre situation, ils étaient toutefois lucides, et ne manquaient pas d'un certain humour teinté de désespoir.

Témoin cette histoire, venue tout droit de l'époque stalinienne :

Elle se passe dans une cité industrielle située à cent cinquante kilomètres de Moscou. La pénurie sévit de façon dramatique, un vieil homme voûté marche sous la pluie. Il a de beaux yeux bleus, des cheveux tout blancs, il se protège du froid avec un manteau tout rapiécé et doublé de vieux journaux. Il porte un vieux sac à provisions d'où seuls deux minables poireaux dépassent. Il s'avance cahin-caha dans cette rue mal éclairée jusqu'à une boucherie. Le boucher est derrière son étal, sa femme à la caisse. Le vieux entre et enlève poliment son chapeau. Au lieu de dire « Bonjour, camarades », il s'exprime à la manière ancienne :

– Bonjour, madame la bouchère. Bonjour, monsieur le boucher.

Les commerçants sont impressionnés. Ils regardent alentour pour repérer s'il n'y a pas de commissaire politique, ou un quelconque mouchard, qui pourrait les dénoncer, et lui répondent sur le même ton de politesse :

– Bonjour, monsieur.

– Auriez-vous, s'il vous plaît, un gigot d'agneau pour huit personnes ?

– Non, nous n'avons pas cela, monsieur.

– Bien, auriez-vous alors un rosbif de bœuf ficelé, toujours pour huit personnes, je vous prie ?

– Non, monsieur, nous n'en avons pas.

– Et des petites côtes d'agneau ?

– Non plus.

– De l'épaule d'agneau peut-être ?

– Non.

– Des noix de veau peut-être ?

– Non.

– Des rognons de veau ?

– Non.

– Du foie de veau, huit ou dix tranches de foie de veau ?

– Non.

– Un gros morceau de hampe, alors ?

– Pas davantage.

– De la côte de bœuf ?

– Nous sommes désolés, non.

– Bien, tant pis. Alors au revoir, madame la bouchère, au revoir, monsieur le boucher.

Et le vieil homme repart dans la nuit... Le boucher se tourne alors vers sa femme et, ému, lui dit :

– Putain, ces vieux, quelle mémoire !

Vingt ans plus tard, nous voici à l'ère Brejnev. L'humour en samizdat est toujours aussi désespéré. Je ne résiste pas à la joyeuse amertume de cette histoire-là.

Elle se passe dans le saint des saints de l'appareil d'État soviétique. Le premier secrétaire du Parti communiste arrive au Kremlin dans sa magnifique limousine blindée, conduite par son chauffeur en uniforme. Déjà malade, entouré de gardes du corps armés jusqu'aux dents, Leonid Brejnev se pose des questions sur la vie, la mort, l'amour. Il est maître de toutes les Russies, mais ses sujets ne l'aiment pas. Ils le craignent. Il en est affecté. Au moment de franchir l'enceinte du Kremlin, le chauffeur pile sec ; Brejnev a juste le temps de voir une forme noire qui roule sur le côté. Il tape dans ses mains, la vitre descend. Trois barbouzes du KGB se précipitent.

– Président Brejnev, que pouvons-nous faire pour vous ?

– Une vieille femme vient de se jeter sous les roues de ma voiture. Amenez-la-moi immédiatement dans mon bureau.

Il remonte sa vitre et la limousine s'engouffre dans l'enceinte du Kremlin. Brejnev entre dans l'immense pièce qui lui sert de bureau. À part une imposante table en ébène, une moquette épaisse que traverse en son milieu un superbe tapis rouge, la décoration est réduite à son strict minimum, ambiance austère. Bientôt, la porte s'ouvre, et Brejnev voit arriver une petite femme d'un mètre cinquante, avec un petit fichu, des habits de babouchka, des chaussettes russes, un petit balluchon. Elle entre de façon très digne. Brejnev est tout de suite ému, parce que cette femme lui rappelle sa vieille mère. Elle avance tranquillement dans cette pièce où nul n'entre jamais sans quelque appréhension.

– Bonjour, Babouchka. C'est toi qui as voulu te jeter devant ma voiture tout à l'heure, avant que je ne rentre au Kremlin ?

– Oui, camarade Brejnev, merci de me poser cette question. C'est la vingt-huitième fois que je me jette devant ta voiture pour pouvoir te parler.

– La vingt-huitième fois ? Ce n'est pas possible !

– Oh, tu ne t'en es peut-être pas aperçu, parce que, chaque fois, la police m'intercepte juste avant. Ils se saisissent de moi, me jettent dans un camion, me battent pendant deux ou trois jours, puis me libèrent. Aujourd'hui, je suis heureuse parce que je peux te parler. J'ai peu de chose à te dire, d'ailleurs, camarade Brejnev, je n'ai qu'une seule question à te poser.

– Attends, Babouchka, attends...

Il est mal à l'aise. Cette vieille femme l'impressionne. Elle se tient si droite devant lui.

– Dis-moi, Babouchka, tu es moscovite ?

– Oui, camarade Brejnev, merci de me poser cette question. J'habite dans notre belle ville de Moscou, en plein centre, au 34e étage sans ascenseur d'un immeuble collectif sans eau ni gaz ni électricité, mais avec une très jolie vue sur la ville. J'y suis bien et je suis fière d'être moscovite.

– Tu es mariée, Babouchka ?

– Merci, camarade Brejnev, de me poser cette question. Je suis mariée, oui, merci, grâce à Dieu. Mais mon mari était un peu fou, et ça fait vingt-quatre ans qu'il est enfermé dans un goulag en Sibérie. Je lui écris tous les jours, mais il doit avoir beaucoup de travail là-bas, car mes lettres restent sans réponse. J'espère qu'il les reçoit et qu'il est toujours en vie, mais je n'ai jamais eu le droit d'aller le visiter.

Brejnev est de plus en plus gêné :

– Tu as des enfants, Babouchka ?

– Merci de me poser cette question, camarade Brejnev. J'ai des enfants. Enfin j'en avais deux, parce qu'un est mort en Afghanistan il y a quelques mois, et j'ai dû payer le drapeau que l'on a mis sur son cercueil. Il avait ving-quatre ans, il s'appelait Boris. Le second est sûrement un peu fou, comme son père, il est enfermé dans un hôpital psychiatrique, enroulé dans des draps mouillés, peut-être pour le soigner, je ne sais pas. Je n'ai pas le droit de visite non plus.

Brejnev se sent maintenant carrément mal. Il lui demande :

– Et quelle est la question que tu voulais me poser, Babouchka ?

– C'est très simple, camarade Brejnev. Voilà...

– Je t'en prie. Dis-moi.

– Eh bien, camarade Brejnev, je connais la planification scientifique, le socialisme scientifique, l'éducation scientifique de nos consciences, la rééducation scientifique des dissidents, la finalité scientifique de l'histoire, mais un problème me taraude : l'origine même du communisme. Notre communisme est-il d'origine littéraire ou d'origine scientifique ?

Brejnev est interloqué :

– Attends, Babouchka, c'est pour cette question que tu t'es jetée vingt-huit fois sous ma voiture ?

– Oui, oui.

– Eh bien, l'origine même du communisme n'a rien de scientifique, Babouchka. Elle est, si l'on veut, littéraire. Ce sont les œuvres de Marx, d'Engels, de Lénine qui ont créé le communisme.

Et soudain il a l'impression que la petite vieille s'est redressée, qu'elle a grandi. Elle est même rayonnante. Elle sourit de toutes ses dents. De ses yeux bleu pâle perlent des larmes. Elle fixe Brejnev, et dit :

– Merci, merci, camarade ! Maintenant, je peux mourir tranquille, tu m'as donné la réponse que j'attendais.

– Comment, je te dis que l'origine du communisme est littéraire et non scientifique, et cette réponse te suffit ?

– Oui, oui, merci beaucoup.

– Mais enfin, Babouchka, explique-moi !

– Camarade Brejnev, si le communisme avait été d'origine scientifique, j'imagine que vous l'auriez quand même d'abord essayé sur des animaux !

Mon père avait donc coupé les ponts avec l'Union soviétique. Il n'évoquait plus son enfance, peut-être par respect pour nous, peut-être aussi pour éviter de se faire du mal. Quand il sera certain qu'il ne reverra plus jamais ses parents, il nous interdira même de parler russe, alors que nous l'avions appris.

Il existe des photos de la jeunesse de Boris où on le voit en tenue d'officier, et moi, enfant, je me l'imaginais comme un boyard, quittant sa datcha en troïka pour ne plus jamais y revenir.

Un jour, tandis qu'il se trouve dans une église, il a soudain le sentiment que son père vient de mourir. Un an plus tard, Françoise fait un rêve étrange : une femme, qu'elle devine être la mère de son mari, vient la saluer pour prendre congé. Boris a considéré l'annonce faite à ma mère comme un fait accompli.

Je me souviens de certaines de ses expressions en français, qui fleuraient bon l'ancienne patrie. À la question « Comment ça va ? » il répondait invariablement : « Grâce à vos prières, je me maintiens ! » C'était tout Boris.

Et maintenant que je le rattrape en âge, je me surprends souvent à m'exprimer de la même manière. Les icônes m'attendrissent et je me dis que ce sont sans doute les grand-messes de l'Église russe orthodoxe, avec l'or et l'argent de l'autel, les visages extasiés des saints, la myrrhe et l'encens, la magie des chants, qui m'ont donné le goût des grands spectacles chamarrés.

VII

« *UNE SACRÉE FRATRIE* »

J'ai déjà raconté la naissance de mon frère Grégoire, alias Gricha, et je ne tarderai pas à évoquer celle de notre sœur cadette Catherine, alias Katouche, mais j'aimerais pouvoir dire à quel point ma sœur et mon frère, même si je ne les fréquente pas énormément, comptent pour moi.

Tous les trois, nous avons vraiment constitué une sacrée fratrie ! La position d'aîné m'en fit évidemment un leader naturel, mais il n'y avait pas de chef pour autant.

Tout au long de ma vie, Grégoire m'a fait rêver en raison de son calme et de sa pondération, tout comme par sa maîtrise des choses maritimes. Parrain de son fils, je ne suis pas aussi disponible que le mériterait le gamin, mais j'en ai conscience et c'est un bon gage d'avenir.

Avec Catherine, il est rare qu'on passe plus de cinq jours sans se téléphoner et plus d'un mois sans s'engueuler. Elle travaillc comme une forcenée et a un caractère plus que fort. Je l'énerve beaucoup car sa volonté de rigueur confond mon sens de l'embellissement des choses avec de l'affabulation. Elle a le reproche facile et ne me fait aucun cadeau, mais elle a souvent raison et la rancune n'est pas mon fort. Nous ne restons jamais fâchés bien longtemps. Un peu comme quand nous étions mômes.

Souvent, quand je parle de mon frère et de ma sœur, je cite Catherine en premier. Il est vrai que, depuis le premier jour de son arrivée parmi nous, elle est là et bien là. Elle a des cheveux noirs, elle ressemble à son père, jusqu'à la bouche. Mais elle a les oreilles et les mains de « Raton » – un surnom que ma mère m'a également donné. Catherine existe si vite tellement fort qu'elle se pose trop vite trop de questions ! Dans sa correspondance avec son amie Frosso Carapano, ma mère raconte les tourments métaphysiques de sa fillette.

Nous sommes le 7 octobre 1952 :

La dernière histoire de Catherine, c'était hier soir : elle m'embrasse avec effusion et me dit que quelque chose l'ennuie beaucoup, c'est de vivre parce qu'elle a peur que je meure avant elle, et qu'elle aurait tant de chagrin qu'elle ne pourrait plus vivre tant elle serait malheureuse, alors qu'elle espérait bien qu'elle mourrait avant moi. Je lui ai répondu que si un malheur comme ça lui arrivait, elle aurait en même temps un courage spécial pour le supporter, qui ne peut pas être pensé avant que ça n'arrive. Elle m'a embrassée avec effusion en me disant : « alors si tu me le dis, c'est que c'est vrai, alors je peux aimer vivre même si tu peux mourir. Comme je t'aime ! »

Un nouveau-né
très bien accueilli.

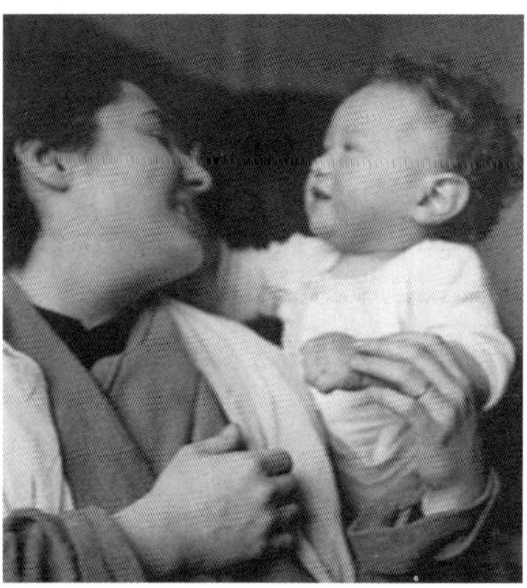

En famille, on n'a peur de rien...

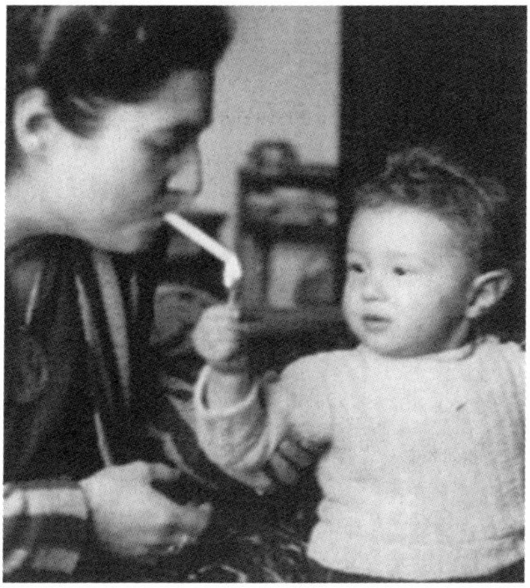

A la pêche déjà, dans l'eau encore...
Petit poisson deviendra grand !

Ses goûts s'affirment.

Carlos (à droite) avec son frère Grégoire (à gauche).

Carlos et Mimi se marient.
Françoise sourit...

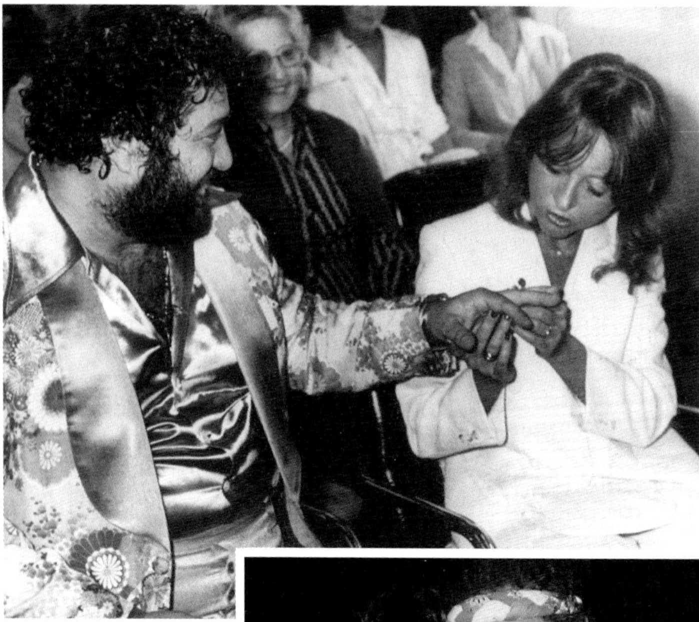

L'amour toujours...
le temps ne change rien.

Peu de temps avant sa disparition,
Carlos reste le même,
attaché aux mêmes amours...
Et il se retourne
vers ses souvenirs.

Quand il nous arrive d'être tous les trois seuls, le soir, je raconte plein d'histoires à Gricha et Katouche. J'ai un don confirmé pour transformer le réel en fantastique. J'ai de qui tenir, j'ai été nourri par les innombrables aventures qu'imaginait maman : celles d'un petit garçon et d'une petite fille, Papouf et Paula. Avec leurs compagnons, Tigrette la distinguée, Babarina l'éléphante, Serpolet le lapin, le Grosaigle et le Grotarbre et bien d'autres personnages encore, sous la conduite de Monsieur Passe-Passe, le magicien qui arrangeait tout, Papouf et Paula nous ont ouvert toutes grandes les frontières des pays des rêves.

– Raconte, maman, raconte !

Cela commençait toujours par : « Alors, Papouf et Paula sont allés dans la grande forêt... »

Cela m'incitait à toutes les audaces. À huit ans, je déniche dans la cave une vieille pétoire de la guerre de 1914, une épée rouillée et un maillet de croquet. Je donne aussitôt des instructions à mon frère et à ma sœur pour repousser l'ennemi en cas d'intrusion dans la maison, les soirs assez fréquents où les parents ne sont pas là. L'appartement de la rue Saint-Jacques pouvait aussi se transformer en Désert des Tartares ! L'ennemi n'est jamais venu, mais nous l'avons souvent attendu de pied ferme.

Tout en jouant, nous avons appris aussi trois choses importantes : assumer la solitude, vaincre la peur, avoir confiance en soi.

Grâce à la liberté que nous accordaient nos parents, nous pouvions comprendre par nous-mêmes les choses de la vie, parer à l'imprévisible, aiguiser notre intelligence.

Vivant comme des coqs en pâte à la maison, nous acquérions assez d'autonomie pour en sortir, chacun de son côté, en sachant aller vers les autres.

Un lien et un très grand homme émergent pour moi de ce genre de souvenirs.

Imaginez une vieille demeure nichée dans la verdure, de l'eau, et un laboratoire ressemblant à la caverne d'Ali Baba ou, plus exactement, à l'antichambre de Cagliostro. Où suis-je ? Chez Jean Rostand, le merveilleux Rostand, ami de mes parents, mais que, malgré notre colossale différence d'âge et sa non moins colossale moustache je considère d'abord et avant tout comme un de mes amis.

Alors que ma mère était encore inconnue, il a été l'un des premiers scientifiques à saluer la parution de sa thèse *Psychanalyse et pédiatrie*. Il était alors, comme ce fut le cas durant quarante ans, une véritable star. Extrêmement sollicité, il a pourtant écrit à ma mère pour lui dire toute son admiration et demander à la rencontrer. C'est ainsi que ses étangs sont devenus l'un des lieux phares de tous mes rêves. Je regrette de n'en avoir que des souvenirs d'enfant, contrairement à certains qui, comme le graveur Pierre-Yves Trémois, qui illustra son *Bestiaire d'amour*, ont eu la chance de pouvoir le rencontrer dans leur maturité. À son contact – ont dit ceux qui l'approchaient –, on trouvait sinon un équilibre, du moins quelque raison d'espérer, une certaine allégresse dont il n'était pourtant pas dupe, car le mal que, récemment, l'homme avait fait endurer à son semblable l'inquiétait. Peut-on modifier l'humain et le doit-on ? Pourquoi ?

Avec quels risques de déclencher des épurations jusqu'au génocide ? Toutes ces questions qui faisaient son ordinaire de biologiste, j'étais bien loin de me les poser, mais je passais des heures avec cet homme d'une grande bonté, d'une simplicité touchante, d'une haute intelligence. Son visage était rayonnant. Au-dessus de ses impressionnantes moustaches teintées de nicotine, je revois ses yeux pétillants et je me revois confier fièrement ma fascination à Katouche et Gricha.

J'ai huit ans. Rostand m'emmène dans les étangs du coin chercher des tritons, des salamandres, des grenouilles. Nous les apportons ensuite dans son laboratoire, immense pièce remplie de bocaux, d'aquariums de toutes formes et de toutes tailles.

Il m'explique les merveilles de la vie. Son attention, sa douceur, sa sollicitude sont parfois marquées d'un sourire rêveur, ou tendrement ironique. Il me raconte les étranges parades amoureuse des crapauds, les vols nuptiaux, et les caresses des insectes. Ville-d'Avray, au printemps, est un palais des mirages : les libellules s'envoient en l'air !

Cet homme a le don d'expliquer les choses les plus obscures. Tant que je n'ai pas saisi, il reprend avec des mots plus simples encore. Il veut que l'étonnant me devienne familier. Avec lui, j'apprends, parce qu'il se tient lui-même pour un imbécile aussi longtemps que je ne le comprendrai pas. Voilà toute la différence entre un savant et un génie !

Et puis l'homme s'intéresse à tout, pas seulement à sa discipline. Il me fait découvrir Boris Vian – qui habite également à Ville-d'Avray – ainsi que les pataphysiciens. Il me parle de son père, Edmond, dont j'admirais déjà l'œuvre : j'étais allé avec des amis de mes parents à la Comédie-Française. J'y avais été fasciné par une représentation de *Cyrano* dont le rôle principal était alors tenu par Pierre Dux.

La femme de Jean nous impressionnait beaucoup, nous, les enfants, parce que, fort belle mais malheureusement atteinte de la maladie de Parkinson, elle ne pouvait pas quitter sa chaise. Trémois rapporte un curieux détail : alors que Rostand lui exposait les bizarreries multiples que présente la morphologie de certains crapauds, qu'il englobait sous la dénomination d'« anomalie P », notamment des doigts surnuméraires, il vit avec effroi que la très réservée Mme Rostand, assise face à eux, possédait une main avec six doigts...

Ma bizarrerie à moi, dès cette époque hantée par des images oniriques saisies au fond des aquariums, sera de vouloir me prendre pour le roi des grenouilles ! J'ai toujours rêvé d'être à la tête d'un orchestre d'amphibiens et, tel que vous me voyez, j'ai réussi des années plus tard à les faire chanter. C'était à Dakar, par une nuit chaude. J'étais en tee-shirt et bermuda roses, j'avançais à quatre pattes, entre plates-bandes et piscine, les mains de travers, tordues façon crapaud, en coassant *Ho-Ha-Ho-Ha-Ho-Ha !* Et je ne vous raconte pas la stupeur du petit couple, arrivé inopinément, qui m'a regardé avec quatre yeux ronds, en s'écartant un peu, inquiet des éventuelles déviations sexuelles de ce gros rampant ! Mais, soudain, pour me disculper et m'honorer, s'est déclenché un sublime concert de grenouilles !

Katouche, Gricha et moi n'avons pas eu accès à la table familiale en même temps. Quand nous étions petits, nous prenions nos repas à part. Sitôt que chacun de nous a su se tenir correctement il a été admis autour de la nappe officielle. Mais gare aux maladresses ! Boris prenait l'assiette et, tendrement mais inexorablement, emmenait les fautifs se sustenter ailleurs :

– Tu vois, il faut encore faire des progrès. Je veux que mes enfants sachent parfaitement se comporter à table.

Il se tournait vers notre mère :

– Françoise, tu iras le consoler et même, s'il le veut, lui donner deux desserts.

Culpabilisé quand même, notre cher Boris, mais ferme sur les prix ! Bien souvent pourtant, il nous encourageait.

– C'est difficile de manger proprement. Tu es encore petit, mais tu y arriveras, tu verras.

Il nous embrassait, puis philosophait devant sa femme :

– Savoir se tenir à table est le premier signe de la civilisation. Tu aurais vu, dans nos isbas, la propreté et la dignité des paysans lors des repas, cela n'avait rien à voir avec l'étiquette bourgeoise !

Pour lui, étaient « bourgeois » les chichis, les manières, les hypocrisies, les complications, tout ce superfétatoire qu'en France on appelle le « comme-il-faut ». Les vertus paysannes, en revanche, la dignité de la tenue, la propreté du corps et des vêtements, c'était la civilisation. Même chez les illettrés !

C'est dans cet esprit que nous avons eu l'autorisation, et même un peu plus, de boire du vin pur, à condition que ce ne soit pas pour la soif ! Il fallait étancher celle-ci avant ou après le repas, mais pas à table où régnait avant tout la convivialité. Assortie de l'interdiction de boire de l'eau. Comme de s'en servir pour couper le vin !

Alors que nous étions encore très petits, je me souviens parfaitement de Boris expliquant à ses enfants sa théorie sur la question :

– Écoutez-moi bien. Les buveurs d'eau sont des méchants. Dieu l'a prouvé par le Déluge : il n'a sauvé que Noé, le premier patron des vignerons, et sa famille. Le vin, c'était la boisson des dieux, et Notre-Seigneur en a fait son propre sang, par lequel nous avons la vie éternelle.

Ce vin était-il la madeleine de Proust de mon père, nostalgique des vignes de Crimée ? Dans le folklore de la famille Dolto, un adage s'est, en tout cas, durablement installé : « Les buveurs d'eau sont des méchants, Dieu l'a prouvé par le Déluge ! »

Maman nous a elle-même relaté ce jour de juillet très chaud à Paris où Gricha, qui allait avoir trois ans, avait conquis le privilège de partager le repas familial. Fidèle aux règles paternelles, il ne buvait que du vin pur mais, ce jour-là, assis à côté de notre mère, il a tendu son verre d'un air suppliant :

– Maman, s'il te plaît, donne-moi de l'eau. Tu me redonneras du vin après... pour être sauvé !

Joli mot, non ?

Françoise consulte alors Boris du regard. Et moi, se souvient-elle, je contemple la scène, inquiet.

– C'est vrai qu'il fait très chaud, observe Boris. Exceptionnellement, donne-lui de l'eau, et il peut rester à table ; Dieu est miséricordieux aux petits.

Puis, s'adressant à nous :

– Une autre fois, mes enfants, s'il arrivait que vous ayez soif, buvez votre eau, je vous le répète, en dehors des repas, mais pas à table. L'eau ainsi que les autres boissons, même la bière, sont faites pour la soif. Le vin, mes chéris, c'est la base de la civilisation, c'est Dieu qui le travaille, autant que les hommes. Avant la révolution, quand j'étais jeune, mon père, votre grand-père, faisait les meilleurs vins de Russie. Il m'a enseigné à respecter le vin, le vrai, à le boire avec modération, à l'apprécier, et j'exige que vous appreniez à en faire autant.

J'avais, pour ma part, d'autant plus de raisons d'être inquiet en constatant la soif du pauvre Gricha qu'il m'était arrivé une mésaventure l'année précédente. Surpris par les premières chaleurs de l'été, j'avais réclamé trop de vin. Lorsqu'il avait fallu me lever, je m'étais mis à tituber lamentablement. Triste spectacle de la part d'un petit enfant.

– Tu vois, m'avait alors dit mon père, je t'avais prévenu, te voilà comme Noé, qui lui aussi avait trop bu. Tu es ivre. Il fallait que tu saches ce que cela veut dire.

Je fus horriblement vexé quand il ajouta :

– Un homme doit toujours rester maître de lui. Va dormir, et nous en reparlerons tous les deux.

Quelque temps plus tard, c'est au tour de Katouche de se mettre en « vedette ». Descendant de sa chaise, elle s'affale par terre et appelle maman au secours. Boris et Françoise se mettent à rire en chantant :

« Quand j'ai bu du vin clairet, tout tourne... tout tourne... »

Puis ma mère s'empresse d'aller coucher la fillette !

– Vois-tu, disait Boris à ma mère, il est important que les enfants aient fait à temps, et sans restrictions imposées par les adultes, l'expérience de l'ivresse. Cette humiliation de ne pouvoir garder son équilibre, c'est pour l'être humain une leçon irremplaçable. Si nous avions empêché nos enfants de boire du vin, ils auraient fait la même expérience, mais dans de mauvaises conditions, avec des bandes d'adolescents, et peut-être en auraient-ils pris l'habitude.

Cette expérience collective peu banale, qui prend sans doute ses sources dans le ciel orthodoxe, je ne sais s'il faut la recommander à tous, mais je suis fier de penser que la noblesse du vin m'a été inculquée comme une valeur humaniste !

Et puis, pour ne pas faire mine de s'attarder abusivement sur les cimes de la philosophie, je citerais Francis Blanche, l'un de mes maîtres à penser, qui affirmait : « Je préfère le vin d'ici à l'eau de là. » Quant à moi, vous connaissez certainement l'une de mes devises préférées : « À vaincre sans barils, on triomphe sans boire ! »

Rue Saint-Jacques, tout près de la maison, il y avait en face de l'église un bistrot où mon père m'envoyait souvent chercher du cabernet en litre, un délicieux petit vin qui lui rappelait sa jeunesse. Après consommation, c'était toujours la fête et j'étais ravi d'accomplir cette course, car je savais que pour papa il y aurait du plaisir à la clé. Comme nous avions tous appris ce qu'était la modération et, mieux encore, la tempérance, le bistrotier me servait, malgré mon jeune âge, en toute confiance.

Lorsque j'y repense aujourd'hui, je suis toujours étonné de l'étrange rigueur avec laquelle mon père fonctionnait sur le mode libéral. Il nous inculquait le sens de la responsabilité d'une manière qui aurait horrifié les bourgeois, mais il réfléchissait sur le long terme et pariait sur le caractère et l'intelligence. Ce pouvait être risqué, en tout cas paradoxal, mais assez proche d'un Jean-Jacques Rousseau qui écrivait : *« Plus le corps est faible, plus il commande ; plus il est fort, plus il obéit »*. Ajoutant que, en vérité, *« la seule habitude qu'on doit laisser prendre à l'enfant est de n'en contracter aucune »*.

Il a toujours existé une certaine opposition entre l'ouverture de ma mère et cette rigueur paternelle. Ils se retrouvaient pourtant tous les deux dans une sorte de libéralisme fondamental, qui n'excluait pas de vifs débats !

La fratrie avait-elle à se plaindre de cet état de fait ? Non, puisque, chaque fois que nous posions une question, nos parents nous répondaient. Jamais je n'ai entendu dans la bouche de Boris ou de Françoise le fameux « tais-toi ! » des familles traditionnelles qui provoque tant de fêlures ou de meurtrissures intimes. On ne nous a jamais dit que nous étions trop petits pour comprendre. La règle demeurait que, à chaque question posée, réponse serait donnée. Nous n'étions ni des

VIII

« *À L'ÉCOLE DE LA VIE* »

En nous élevant comme ils l'ont fait, nos parents nous ont offert un fabuleux cadeau : le sens de l'autonomie.

Dès l'enfance, où tant de parents s'empêtrent à prolonger le temps des couches et à hésiter entre mutisme et jérémiades, j'ai acquis une confiance en mes possibilités et un sens des responsabilités sur ma propre existence qui me portent encore aujourd'hui, alors que mon corps et mon âme subissent d'insidieux assauts qui pourraient les conduire au découragement.

Je me souviens de l'incroyable liberté dont je jouissais déjà, avant même mon cinquième anniversaire, quand, cartable sur le dos, je prenais tout seul mon train de banlieue pour me rendre à l'école.

J'empruntais la rue Saint-Jacques, traversais la rue de l'Estrapade et, par la rue Gay-Lussac, arrivais au métro Luxembourg. Trois ou quatre stations pour atteindre Port-Royal à Cachan, banlieue sud-est de Paris.

Là, il me restait à faire un kilomètre à pied pour arriver à l'école Decroly, établissement expérimental aux méthodes pédagogiques nouvelles, et dont les cours du matin, dispensés en plein air, étaient consacrés à l'étude de la nature.

À cet âge-là, tous mes camarades arrivaient accompagnés, mais, comme ma mère recevait ses patients dès sept heures et demie du matin et qu'elle se rendait ensuite à sa consultation à l'hôpital, il semblait tout naturel que je me débrouille seul.

Aujourd'hui, quand je raconte ça, beaucoup refusent de me croire. Heureusement, des photos existent et font foi !

Mes parents m'avaient juste fait une recommandation : ne jamais accepter de bonbons offerts par des inconnus, et ne jamais suivre personne. C'est tout. Pour le reste, ils me reconnaissaient assez de personnalité pour faire face à toute situation sortant de l'ordinaire. Éducation révolutionnaire ! À ceux qui seraient tentés de la condamner, il faut préciser que l'époque était bien différente et que l'on ne vivait pas dans la paranoïa de l'agression ou de l'enlèvement.

N'empêche, j'imagine tout de même la tête des usagers de la ligne de Sceaux observant ce tout petit bonhomme prenant tranquillement son train comme un grand !

Decroly, à Cachan, c'était la campagne. Quel bonheur pour les petits citadins que nous étions de mettre nos mains dans la terre – pédagogie initiatique oblige ! –, de serrer les arbres dans nos bras. C'est ainsi, par un acte quasi charnel, peau contre écorce, qu'on nous inculquait le sens de la nature qui a, par la suite, engendré l'écologie. C'est là que j'ai notamment appris que le crottin de cheval ne sent pas la merde et que les petits oiseaux, pour peu qu'on ne leur tire pas dessus, distillent une musique bien plus douce que celle des pots d'échappement.

Decroly, c'était comme à la maison : incroyablement vivant. Pas de cloisonnement entre activités manuelles et intellectuelles. Dans l'atelier, on fabriquait des meubles, avec tenons et mortaises, ponçage, peinture, et puis, sans transition, on passait à l'apprentissage de la lecture et du calcul, c'était un joyeux mélange des genres.

À la sortie, il y avait le marchand de glaces, le père La Sifflette, un vieil homme aux cheveux gris. Sa voiture ambulante était une boutique aux merveilles : multicolore, clinquante, éblouissante, surmontée d'un énorme couvercle en cuivre, avec des lumières clignotantes, des tintements, des sonnailles.

Des années plus tard, quand j'ai eu dix-huit ans, à bord de ma première voiture, une vieille Fiat 600 toute rafistolée, j'ai voulu revoir mon école dans les champs et brutalement je me suis trouvé confronté à un autre monde, celui des cités et des immeubles. Exit aussi le père La Sifflette qui, coiffé d'un chapeau de paille et le sifflet au bec pour nous avertir de sa présence, nous vendait ses gaufres fourrées à la glace...

Mémoire, mémoire... Tiens, à ce propos, une petite parenthèse façon « Grosse Têtes » !

C'est l'histoire d'un type qui se rend chez le médecin.

– Asseyez-vous, monsieur. Que puis-je faire pour vous ?

– Docteur, j'ai des pertes de mémoire énormes, j'oublie tout.

– Comment cela se manifeste-t-il ?

– C'est simple. Par exemple quand je veux reprendre ma voiture le matin, si je ne l'ai pas garée la veille au soir au même endroit que d'habitude, je ne parviens plus à la retrouver. Autre exemple, l'autre jour je me suis trompé d'immeuble plusieurs fois avant de pouvoir rentrer chez moi. Parfois, je ne me souviens même plus du nom de ma rue. Et dernièrement, en revenant à la maison, je n'ai pas reconnu ma femme. J'ai vraiment des pertes de mémoire énormes.

– Ah ! Et depuis quand ?

– Depuis quand quoi ?

Bon, voilà, c'était une petite histoire racontable aux enfants. Je referme la parenthèse.

Après Decroly, il y a eu l'École alsacienne, tout près de chez moi, rue d'Assas. C'était l'époque des malabars et des roudoudous (j'en ai fait une chanson !), des Mistrals gagnant et du Coca-Cola dont nous échangions les bouteilles porte-clés contre des « caldasses », ces calots d'acier qui explosaient les billes des concurrents. Les gamins font désormais ça avec des « boulards », bien plus gros, des « maxi-boulards » et des « mammouths », colossaux. Tout augmente !

Nous faisions du patin à roulettes avec des roues d'acier hyperbruyantes dans les jardins de l'Observatoire et souvent sur les trottoirs, ce qui, à l'époque, était strictement interdit. C'est également là que j'ai fumé ma première cigarette, une Lucky Strike que j'avais d'ailleurs volée sur le bureau de ma mère, dans un étui à cigarettes en écaille de tortue appartenant à mon père. Je l'ai fumée sur le bord de la fontaine entre le petit Luxembourg et l'École alsacienne.

Trente ans plus tard, au cours d'une des émissions de Patrick Sabatier, « Avis de recherche » sur TF1, j'ai eu un grand coup au cœur en retrouvant ma classe de neuvième. Avec mon pote Paul-Louis Theves, dit P'tit Lu, nous avions été exclus de l'école durant trois jours pour avoir, lors d'une partie de gendarmes et voleurs en plein air, à Meudon, lutiné quelques-unes de nos prisonnières ! Ah, Marjolaine, t'en souviens-tu ? Hélas, un petit boudin jaloux et frustré avait cafté ! Le directeur cria au scandale. Mon père se réjouit de ma bonne santé. Ma mère rigola. L'incident fut clos !

Côté discipline, les seules torgnoles que j'ai prises venaient de mon père, au point que, pour rééquilibrer les choses, j'avais inventé pour maman un jeu auquel elle se prêtait volontiers, « la machine à battre », qui lui permettait, en écartant les bras et en tournant sur elle-même, de donner des gifles de façon discontinue, au hasard de notre arrivée dans son périmètre de tourniquet. Cette sorte d'exutoire nous amusait tous beaucoup, ce quelque chose de simple et de complexe que je me garderai bien d'interpréter... Tout comme l'opinion de certaines personnes qui ont affirmé que nous devions prendre rendez-vous avec notre mère pour la rencontrer... Interprétation tout à fait erronée et abusive. Ma mère avait effectivement un agenda très chargé et nous rencontrait souvent entre deux patients.

À partir de la porte centrale – c'étaient souvent les enfants qui l'ouvraient pour faire passer les gens dans la salle d'attente –, notre appartement se divisait en deux ailes : l'une consacrée à la vie professionnelle, l'autre à la vie familiale, vous l'avez compris, très conviviale ! Pas mal de gens passaient donc d'abord par ce secteur avant de rejoindre l'autre, et nous, les enfants, étions chargés de les réorienter vers la salle d'attente. Parfois, nous attendions que maman soit libérée de la séance en cours et elle nous recevait pour connaître la nature de nos doléances ou simplement nous prodiguer quelques bisous et câlins.

Chez nous, c'était en fait « une maison de rendez-vous » – si vous me permettez ce jeu de mots – mais non !, on ne s'y rencontrait pas sur rendez-vous !

Mais revenons à mes chères études. À deux pas de l'École alsacienne, il y avait le lycée Montaigne. Les Dolto ne se compliquaient pas la vie. C'est là que j'ai entamé le secondaire. Mes matières favorites, à l'époque, ce sont les langues : l'anglais et l'espagnol. Sans me vanter, je suis assez doué. Mon parrain, le professeur de sanskrit Louis Renou, qui a été nommé directeur de la Maison franco-japonaise de Tokyo, est parti là-bas depuis plusieurs mois avec Marie-Simone, sa femme. Françoise leur donne de mes nouvelles :

Jean n'ose sûrement pas vous écrire à cause de son horrible écriture que nous lui reprochons beaucoup, et de ce curieux phénomène qui veut qu'il ait une orthographe parfaite en devoirs de français et compositions, mais absolument fantaisiste dans ses lettres, d'ailleurs pleines de vie. Je ne sais quand il fera le synchronisme entre l'orthographe et l'improvisation. Il aime beaucoup les langues, latin y compris, parle bien anglais, fait du football avec passion et est déjà hautement gradé en ski (premier grade de moniteur). L'âge ingrat paraît terminé depuis quelques mois. Il est très affectueux avec son père et a l'esprit de famille, il est aussi très sociable. Il lit en abondance – tout – les classiques, les modernes, les Tintin aussi !

Dernièrement, il s'esclaffait bruyamment à propos du Lutrin de Boileau et se passionne à se disputer avec Gricha à propos du Cid. Mais quand il est affublé en footballeur avec les couleurs de son équipe, il se contemple avec une admiration de Malikoko roi nègre dans la glace. Je lui reproche souvent de ne pas vous écrire, d'autant que je sais tout ce que vous représentez pour lui... surtout celui qui lui a donné ses classiques et cela compte énormément.

De Montaigne, je suis passé à l'École de la Colline, rue de La Tour, à Paris. Méthodes pédagogiques de pointe. Je me souviens de mon professeur de français, homme rougeaud, prêtre gaélique, à la fois mystique et jouisseur, ivrogne et un brin homo – mais pas pédophile –, avec qui nous avions des discussions sans fin. À cette époque, à la chorale, je couvrais d'une voix de stentor celle de mes camarades. Carlos pointait déjà sous Titi-Boss. Dans le cadre d'un de nos ateliers de création, j'ai d'ailleurs enregistré mon premier disque, un pyral (unique exemplaire) ! J'y chantais *La Fête des fleurs* et *Joli chapeau.* Tout un programme.

C'est vrai, mon âge ingrat n'a pas duré trop longtemps, mais cela ne nous a pas empêchés de faire un certain nombre de joyeuses conneries, mon frère et moi. Au deuxième étage de notre immeuble, rue Saint-Jacques, nous avions un balcon. C'est de là que nous nous amusions à pêcher « le mérou », autrement dit Mme Dubos, notre concierge, une vraie bignole à l'ancienne.

Elle restait assise durant des heures à l'entrée de sa loge, lisant *Nous Deux*, *Intimité du foyer*, *Ici Paris*, ou tricotant, ou bavardant, surveillant les allées et venues. Notre grande trouvaille était de faire descendre jusqu'au sol à l'aide d'une canne à pêche un objet, qui, grâce au fil de nylon invisible, avait un air innocent d'objet perdu.

Avec mon frère, nous avions calculé l'angle de vue de Mme Dubos. Nous l'avions même marqué à la craie. Du haut de notre balcon, et avec notre fil de nylon invisible, nous l'appâtions avec un portefeuille, un billet de banque, un bijou de pacotille, qui devaient lui apparaître comme autant d'objets perdus, d'ovnis surréalistes excitant sa curiosité ou sa concupiscence. Nous nous amusions à compter le nombre de secondes qu'elle mettrait à mordre à l'hameçon. Le plus étonnant, c'est qu'elle marchait toujours... C'est ce qui lui a valu son surnom : le mérou !

Quand on ne jouait pas à la « pêche » avec cette bonne concierge, on la bombardait ! À quatre pas de l'immeuble, il y avait un petit magasin où nous achetions des bombes de papier, appelées aussi bombes algériennes, petits paquets de papier type crépon contenant du gravier et un peu de poudre. Il suffisait de les lancer sur le sol d'un coup sec pour qu'elles explosent et fasse sauter en l'air notre mérou !

Sales mômes... Un beau jour, nous avons trouvé intelligent, Gricha et moi, de nous suspendre à l'extérieur du balcon, les jambes gigotant dans le vide, pour le plaisir de voir le regard horrifié des gens sur le trottoir d'en face.

En consultation à l'autre bout de l'appartement, notre mère ne pouvait rien voir. C'est un policier en tenue qui est venu sonner à la porte. Au retour de papa, la soirée fut chaude !

Était-ce en raison de ses origines slaves ? Toujours est-il qu'il cognait dur. De sacrées « ratatouilles ». Il n'interdisait rien, laissait libre cours à nos fantaisies, mais, quand on dépassait les bornes, il fallait assumer.

Abus de « pêche au mérou », par exemple ? Une bonne trempe ! Bien plus que l'école, cela m'a appris l'équité, laquelle consiste à ne pas léser la liberté des autres. Insultes lancées dans la rue ? Pan ! Exhibition au balcon ? Pan ! Causes, conséquences. Évidemment, sur le moment, je trouvais sa manière de communiquer un peu rude. Mon frère et ma sœur l'avaient même affublé quelque temps du surnom crypté « EO », c'est-à-dire « Être Odieux ». Un sigle qui reflétait bien nos craintes, mais un sigle, pour ne pas le blesser, car il aurait eu beaucoup de peine s'il avait su comment nous l'appelions.

Les jours de signature de bulletins scolaires, c'était un peu le branle-bas de combat à la maison. Un jour, le mien se révélant particulièrement médiocre, Boris m'a dit de sa voix profonde, avec cet accent russe plus roulant que tous les cailloux de la Moskova, et tout en frappant violemment de la paume la table du petit déjeuner :

– Maintenant, Jean, cela va êtrrre... la trrrrappe !

Le terme n'a jamais quitté mon oreille interne tant il était évocateur. La Trappe, la vraie, celle des frères trappistes. Avec l'angoisse de la règle et du cachot qui se referme sur celui qui y entre.

« La Trrrrappe ! »

Je me rappelle aussi une petite scène assez marquante qui s'est déroulée pendant les vacances scolaires à Antibes, où mes parents avaient acheté une maison. Nous étions allés pêcher en mer avec pour mission de rapporter de quoi faire une soupe de poisson au dîner pour quelques invités. La récolte fut bonne et, de retour sur la terre ferme, tout l'après-midi, nous avions écaillé, puis fait bouillir les produits de notre pêche, avant de les passer au presse-purée, de les assaisonner au safran et d'y mêler une huile d'olive de première qualité.

Nous avons ensuite dressé une grande table dehors pour déguster le mets succulent et merveilleusement odorant. Boris hume la marmite et ses senteurs non sans fierté, quand ses invités l'appellent au dernier moment pour annoncer la venue de deux convives supplémentaires. Alors notre père ne trouve rien de mieux à faire que d'agrémenter et compléter notre plat avec deux briques de soupe toute faite ! À la fin du repas, alors que tout le monde s'extasie sur la qualité du menu, en demandant la recette, moi, saint Jean Bouche d'Or, je brandis, triomphant, les boîtes Liebig.

J'ai déclenché ainsi chez mon père une colère formidable et d'une ténacité à la hauteur de sa rancune ! J'ignore comment je réagirais aujourd'hui si l'on me faisait un coup pareil, mais je peux vous dire que j'ai retenu la leçon et qu'il y a eu peu de mauvaises notes sur mes livrets scolaires du mois suivant.

IX

« LA MAIN DE MASSEUR ET UN DEMI-FRÈRE »

Dans son livre *Le Corps entre les mains*, mon père dit que tout le monde sait voir, mais que peu de gens savent toucher. La main s'offre, touche et résiste en même temps.

Les mains de Boris m'ont toujours fasciné. Elles tenaient de la magie et de la science. Il disait que, dans le cas de l'*Homo faber*, les mains sont préfabriquées comme un outil. Mais que, dans le cas de l'*Homo sapiens*, elles ne sont plus seulement un outil, elles deviennent « de jade », c'est-à-dire qu'elles possèdent des qualités rares et précieuses grâce auxquelles le savoir s'actualise. Elles ne s'adressent plus alors à un patient-chose mais à un patient-personne. L'examen clinique ne se réduit pas à « c'est un lumbago » ou « c'est une périarthrite scapulo-humérale ». Le thérapeute a affaire à quelqu'un qui lui demande de l'aide pour le soigner. Pour le sortir de l'impasse. À l'occasion, il exige de lui loyauté, sincérité et modestie.

Les mains de mon père sur moi, à part quelques tannées, ont toujours été surnaturelles. Je me revois à dix ans, quand il soigne ma jambe cassée. Nous sommes en vacances, à Antibes, comme d'habitude. Tout commence par un matin de soleil. Je suis très en retard pour notre partie de pêche. Ne trouvant pas de Boris à l'endroit prévu sur le port, j'en déduis qu'il est reparti chercher des appâts. Je fais donc demi-tour par les remparts en poussant mon vélo à fond de train.

Dérapage non contrôlé : je bute contre le parapet, effectue un vol plané, la tête la première, et dix mètres plus bas c'est la fin du voyage sur les rochers ! Si je n'avais pas opéré un rétablissement avant de toucher le sol, je me serais fracassé le crâne. Mais quelque chose s'est déclenché en moi à cet instant précis. Un réflexe animal. Comme chez le chat ! Bilan : une fracture double de la jambe, au tibia et au péroné. Je me retrouve dans les bras de mon meilleur copain, Pierre Delmolle, un pompier volontaire de dix-huit ans, qui me ramasse, me ramène à la maison où mon père va me soigner.

Dans un premier temps, il me fait plâtrer, mais choisit très rapidement de fendre le plâtre. Il me masse régulièrement de telle sorte que, un mois plus tard, je suis debout, solide sur mes jambes, parfaitement rétabli. J'ai carrément passé la fin des vacances à courir, comme si de rien n'était !

Mon père, que tout ce qui est physique passionne, va faire de moi un sportif – eh oui ! – avant qu'à mon tour je compte sur mes dix doigts pour façonner mon existence en devenant kiné ! Un jour, alors que je suis tout gamin, il me conduit chez le maître de judo, Kawaïshi, et son assistant Awazu. Des purs et durs, ces Japonais, ne pensant qu'à leur art et ne parlant pas un mot de français ni d'anglais. J'adore tout de suite ce sport de combat où je deviens ceinture marron. À treize ans, déjà costaud, je joue au rugby et au football. Et puis, trois fois par semaine, je vais à la piscine. J'ai toujours été amoureux de l'eau. Du reste, je suis Poissons ascendant Gémeaux. « Le liquide me soutient et la queue me dirige », tel est mon destin !

Quand le yoga fait son apparition en France, je veux évidemment en tâter. Avec Gricha, nous adorons prendre pendant des heures la posture du lotus. Nous avons été initiés à cette pratique par un homme extraordinaire : mon demi-frère indien, Mahesh Gatradyal. La main de masseur et un demi-frère... Voilà deux choses à découvrir pour ceux qui ne savent pas encore tout de moi !

Mahesh, mon père l'a rencontré en 1947 à un congrès de morphophysiologie à Royaumont où toutes les nations étaient représentées. Il avait pu se payer le voyage depuis l'Inde parce qu'il avait passé la sélection des jeux Olympiques étudiants. Son seul bien était d'ailleurs le short que lui avait alloué la délégation indienne. Au cours d'un déjeuner, Boris avait été intrigué par ce jeune homme à l'attitude hiératique qui ne mangeait rien. Il lui demande pourquoi et Mahesh répond que rien de ce qui se trouve sur la table, pourtant bien garnie, ne lui convient.

– Qu'est-ce qui vous plairait ? interroge mon père.

– Du riz...

– Alors, venez ce soir dîner à la maison !

Quand Boris annonce à Françoise qu'il a adopté un enfant venu de loin, j'ai quatre ans et maman est enceinte de Catherine. Elle regarde alors son homme avec tendresse et lui dit seulement :

– Quelle origine ? Qu'est-ce qu'il mange ?... Eh bien, qu'il s'installe !

Mahesh dort donc chez nous, sur le divan du salon. Et, bien avant que j'annexe la chambre de bonne qui allait plus tard devenir mon royaume, il est le complice de mes précoces escapades nocturnes.

Avec sa gentillesse et son humour habituels, il accepte que je lui attache à l'orteil un fil de pêche qui court dans l'appartement jusqu'à la porte de service de sorte que, lorsque je rentre, il puisse m'ouvrir discréto !

C'est grâce à Mahesh que mes parents ont connu le Swâmi Siddheswarânanda et sa femme Mamadji. Envoyé à Paris par l'ordre Ramakrishna au début des années quarante, le Swâmi avait créé le premier ashram en France, à Gretz, en Seine-et-Marne, près de Brie-Comte-Robert. J'y ai appris à faire du fromage, à traire les vaches, à baratter le beurre, à tracer un sillon avec un cheval de trait et à monter les percherons. Je me souviens du regard perçant du Swâmi lorsqu'il me prenait dans ses bras et, plus tard, des longues promenades en sa compagnie dans le parc immense de l'ashram. C'est ainsi que j'ai traversé ma période hindouiste ! Dans notre maison d'Antibes, j'installais un petit autel, avec offrandes, encens et tout le toutim. Je me plongeais dans la méditation et j'obligeais mon frère et ma sœur à participer aux cérémonies, ce qui les enquiquinait fermement, mais j'avais l'autorité de l'aîné et m'adonnais volontiers au prosélytisme !

À quatorze ans, je n'ai plus eu besoin du gros orteil de Mahesh pour rentrer en catimini à la maison. Notre appartement possédait deux chambres de bonne, dont l'une servait de débarras. J'ai d'abord reçu l'autorisation d'y procéder à un brin de ménage, puis, sous le fallacieux prétexte de ne pas perturber mon frère et ma sœur dans leurs études, j'ai convaincu mes parents de me laisser m'y installer.

Sitôt le repas terminé, je fonçais dans mon royaume dont j'avais repeint le plafond en bleu comme le ciel et, après quelques courts instants d'attente, je m'échappais en direction de la place Saint-Michel, la rue de la Huchette et Saint-Germain-des-Prés. La liberté et la musique m'y attendaient. Nous en reparlerons.

C'est là que, pendant plusieurs années, j'ai entamé ma future grande vie de patachon. J'y ai aussi refait mille fois le monde avec Mahesh dont le génie pur, la grandeur d'âme, la sagesse et la générosité de cœur furent à la fois des phares et des garde-fous. Mahesh qui nous a quittés il y a quelques mois, laissant mon cœur dans un désarroi absolu, mais dont la présence ailleurs me rassure sur mon propre avenir. Mahesh qui, en la personne de sa fille Sushila, nous a laissé un joyau absolu.

C'est en grande partie lui qui me convainc de ne pas laisser tomber mes études. Mon père rêve que je devienne médecin. Moi, c'est la kinésithérapie qui m'attire. Il le comprend, car ma curiosité du corps n'est pas pour lui déplaire. Très vite, les cours comme la pratique vont me passionner.

L'anatomie, la physiologie, la traumatologie me captivent. Le corps sacralisé bien au-delà de son statut d'enveloppe charnelle, j'adhère à mille pour cent. Les rencontres avec les chefs de service lors de mes stages dans les hôpitaux – je pense notamment aux professeurs de Seze et Meigne à Lariboisière –, comme les visites du matin, en blouse blanche, avec toute l'équipe et, surtout, les exceptionnels rapports humains avec les malades me ravissent.

Je suis entré à l'Efom sitôt passé mon premier bac. J'en suis sorti diplômé à dix-huit ans et demi. Ce que j'ai adoré, durant toute cette période, ce sont mes trois stages de deux mois chacun à Bichat, à l'Hôtel-Dieu et à Lariboisière.

L'un d'entre eux m'a particulièrement marqué. J'avais la lourde tâche d'accompagner, comme on dit, des mourants. De les aider à s'en aller apaisés. Je ressentais en moi un profond désir d'apporter du secours à des gens qui n'en attendaient plus aucun. Ma mère et mon père m'avaient enseigné cette détresse du corps qui appelle à l'aide et qu'il est possible d'alléger.

Quand j'arrivais le matin et que je repérais un paravent autour d'un lit, je savais que c'était la fin. J'étais en blouse blanche, j'avais dix-sept ans, les malades m'appelaient docteur. J'avais recours au massage pour les soulager. D'un point de vue thérapeutique, cela ne servait pas à grand-chose, mais, chez eux, le simple fait d'être touchés produisait un bien-être indiscutable.

La plupart du temps, leurs proches ne rendaient même plus visite aux mourants :

– Ma fille, oh, elle habite loin, elle ne peut pas venir. J'ai deux mains, je peux écrire des lettres, mais elle pas, la pauvre, elle a trop de travail, et avec ses enfants, pensez donc !

Alors, j'inventais des histoires. Je profitais de leurs longues périodes de sommeil, et j'apparaissais au moment où ils s'éveillaient :

– Votre fille a téléphoné pendant que vous dormiez, je n'ai pas voulu vous réveiller...

– Ah, vous avez bien fait, je suis tellement fatiguée !

– Elle m'a demandé de vous dire qu'elle ne pouvait pas venir mais qu'elle pensait beaucoup à vous !

– Ah, elle a pensé à moi, qu'est-ce que c'est bien !

Avec mon maigre salaire d'environ trois cents francs, j'achetais même des boîtes de chocolat :

– Tiens, Simone est venue, pendant que vous dormiez, elle m'a donné ceci pour vous.

Même fallacieuses, ces petites marques d'affection gommaient un peu les affres d'horribles pénuries d'amour. Et les regards qu'elles illuminaient me comblaient.

À l'Efom, le patron, c'était Boris Dolto. J'étais pourtant un élève comme les autres. Fidèle à lui-même, il gardait à mon égard la distance qu'imposait son nœud papillon ! Je ne l'ai jamais vu porter de cravate. D'ailleurs, bien des années plus tard, quand j'ai joué le JAP dans la série télévisée *Le Juge d'application des peines*, soucieux de changer mon look pour être plus crédible, j'ai tenu à accessoiriser mon costume trois-pièces d'un nœud papillon. C'était plus qu'un clin d'œil, une façon de lui rendre hommage !

J'étais fasciné par sa façon de transmettre son savoir et par l'aura dont il jouissait. Ses anciens étudiants, que je rencontre souvent dans des galas ou sur les plateaux de télévision, me parlent encore tous de ses cours. Son enseignement était mâtiné de philosophie et de psychologie. Il se fondait sur une pratique enthousiaste et un désir profond de soigner et de guérir. On retenait de ses démonstrations le sentiment d'avoir entendu un discours fort et original dans lequel il faisait souvent référence à ses anciens maîtres Gaston Durand ou Paul Lecœur, lequel était également son ami.

L'usage de l'outil de diagnostic que peut être la main, personne ne savait le mettre en évidence mieux que lui. Il disait qu'il fallait « avoir les yeux au bout des doigts ». Moi qui dis souvent que j'ai la main de masseur, j'ai effectivement « une main », au sens thérapeutique, et, morphologiquement, j'ai « sa » main. Au demeurant, je lui ressemble d'ailleurs de plus en plus.

Parallèlement à ses cours, Boris avait organisé avec ma mère, dans une salle qu'ils louaient, place de la Bourse, un formidable cycle de conférences auxquelles assistait tout un aréopage de médecins, d'étudiants, d'amis, et au cours desquelles sept ou huit personnes prenaient la parole sur des disciplines variées ayant toutes, de près ou de loin, un lien avec la médecine ou la kinésithérapie. J'ai moi-même été sollicité pour intervenir durant une vingtaine de minutes sur « le psoas iliaque pronateur ou supinateur ». Dans la région lombaire, le psoas est une espèce de consortium ou d'association de faisceaux musculaires !

Quand j'ai opté pour une carrière artistique, je ne peux pas dire qu'il ait été vraiment enchanté. Je n'avais aucun projet concret, et cela l'angoissait. Par chance, le fait qu'on lui demande des autographes de son fils l'a quelque peu rasséréné.

N'empêche, si je l'avais consulté, il se serait à coup sûr opposé à ma décision. Ma mère, lorsqu'il s'agissait de sujets essentiels, avait coutume de me dire : « Va en parler à ton père ! » Dans le cas présent, tout s'est fait dans le non-dit le plus complet.

J'aimerais préciser à ce sujet que, si je n'avais pas déjà été très engagé dans le monde du spectacle (lorsque j'ai obtenu mon diplôme, j'étais en gala avec Sylvie Vartan !), j'aurais sûrement continué d'une façon ou d'une autre dans la profession médicale. C'est réellement l'un des plus beaux chemins pour aider les autres et les comprendre. La fraternité, mot qui m'est cher, rejoint là une forme de sacerdoce qui m'aurait parfaitement convenu.

Peut-être avais-je aussi déjà conscience de l'extraordinaire difficulté d'égaler mes parents dans leurs domaines respectifs. Je me trouvais devant une alternative : suivre la voie royale, tracée par mes parents, avec le devoir d'être au moins aussi bon qu'eux, ou choisir l'inconnu de ce métier bizarre, le spectacle, où j'étais au moins sûr que mes échecs comme mes réussites n'incomberaient qu'à moi seul !

X

« *LE JAZZ ET LA JAVA* »

Quand j'étais enfant, mes premières rêveries musicales naquirent du mystère d'un poste à galène. Ma mère m'avait expliqué comment, toute jeune, elle en avait fabriqué un. Une plaque, quelques vis, la fameuse pierre grise, magnétique, les écouteurs en ébonite noire : magique ! J'en ai donc construit un à mon tour et je m'amusais à promener l'aiguille de mon poste en me prenant pour un agent secret détenteur d'informations considérables. C'était brouillé à souhait. Je me sentais le maître du monde.

J'ai toujours ressenti la musique comme un plaisir physique, quelque chose qui touche et que l'on touche. À la maison, comme tous les enfants de l'après-guerre, je restais collé au poste de radio et, sur un vieux Pizon Bros, j'allais chercher des stations inconnues sur ondes courtes et moyennes. En 1955, à douze ans, j'assistais fou de joie à la naissance de la première radio libre : Europe 1. Je ne savais pas encore que j'aurais la chance plus tard de participer à sa grande aventure.

Mes parents m'initiaient à des musiques venues de très loin : Atahualpa Yupanqui, avec son fameux *Duerme, duerme, Negrito* ; Violeta Parra, grande amie de ma mère ; Myriam Makeba et son claquement de langue dans *Ats'i patata.* Je n'étais pas assez âgé pour avoir pu être zazou à Saint-Germain-des-Prés, mais je me sentais déjà zoulou. J'ai souvent pillé la discothèque familiale, rayon folklore, et j'y ai trouvé les tam-tams de la brousse ainsi que des chants de piroguiers avec lesquels je m'endormais, tel Savorgnan de Brazza voguant sur le Congo au rythme des pagaies.

C'était l'époque des *Numéros 1 de demain*, des crochets radiophoniques, des *Musicorama. Le Gorille* de Brassens s'imposait comme ces « amoureux qui se bécotent sur les bancs publics », un animal bien sympathique ! Avec Yves Montand, j'aimais flâner sur les grands boulevards. Je voulais acheter le petit chat dans la vitrine de Line Renaud. Roger Nicolas et Fernand Raynaud nous annonçaient déjà Coluche et Desproges. Je bondissais avec Gilbert Bécaud, et mes mains dessinaient dans le soir quelque chose qui ressemblait au corps de Julie London, la plus pulpeuse des chanteuses de l'époque (*Cry me a River*) pour laquelle j'ai, évidemment, pleuré des rivières. Sur ma vie, j'adorais Aznavour, Philippe Clay et Jacques Brel, avant d'aller bientôt faire *« des petits trous des petits trous rien que des petits trous »* aux Lilas avec Gainsbourg. Côté tricolore, j'essuyais, enfin, les verres au fond du café avec Piaf, tout en attendant impatiemment Trenet à la porte du garage !

De l'autre côté de l'Atlantique, il y avait bien sûr Glenn Miller, qui avait fait danser papa maman, mais le premier disque que j'ai acheté s'intitulait *How High the Moon* d'Ella Fitzgerald.

Comme Obélix, je suis tombé dans la marmite du jazz. Ma potion magique à moi, c'était à la fois Louis Armstrong, Count Basie, Duke Ellington, Nat King Cole, Judy Garland, Fats Waller. Tout un univers de trompettes et de batteries qui explosait dans ma tête.

Le plus extraordinaire de tout, c'est que j'allais bientôt en connaître presque tous les héros.

Ma fabuleuse aventure musicale a commencé en couleurs, au soleil du Midi. Durant quinze ans, toutes les vacances, j'ai fréquenté à Antibes, près du port de la Salis, une famille incroyable : les Davis-Boyer. Je dois à Dedie Davis-Boyer, la maîtresse femme de cette famille, à son mari Roby Davis, saxophoniste de son état, et à leurs enfants ma connaissance précoce du beau métier d'artiste. Dedie organisait des spectacles de variétés, plus de deux cents, du 1er juin au 31 août, entre Menton et Perpignan !

Des Machucambos de *Pepito mi corazon*, aux Paraguayos de *Maria Elena*, en passant par Roger Pierre et Jean-Marc Thibaut avec leur *Chez Gégène*. L'éclectisme était de rigueur. Les petits jeunes de l'époque s'appelaient Marcel Amont, Hugues Aufray, Alain Barrière, François Deguelt. Les grands comiques : Pierre Doris, Fernand Raynaud, Roger Nicolas, Robert Lamoureux. Et n'oublions pas « les poids lourds » : Aznavour, Bécaud, Trenet.

Dedie mélangeait tous les genres. Elle était « Madame cent mille volts » ! Dans ses trois villas successives du Cap d'Antibes où j'évoluais comme chez moi, j'ai pu approcher tout ce que le music-hall français et étranger comptait de vedettes.

Les demeures des Davis-Boyer ont, non sans humour, toujours été baptisées *Relâche*, alors que Dedie travaillait comme une bête. Les matinées commençaient par un rendez-vous au Rocher du Capitaine, petite plage semi-privée située à l'orée du Cap d'Antibes, que les Davis-Boyer avaient quasiment annexée pour leur usage et celui des artistes. René-Louis Lafforgue y côtoyait Jerry Mengo, le chef d'orchestre qui possédait une villa, juste en face. En gros, tout le music-hall international passait un jour ou l'autre par le Rocher du Capitaine et ce n'est pas pour me vanter, mais j'y fus souvent la vedette. Je partais en effet régulièrement pour de fantastiques parties de pêche sous-marine et, connaissant par cœur les creux et les méandres des fonds sous-marins, j'en rapportais des prises qui étonnaient les artistes, dont les trois quarts n'étaient pas amphibies !

Au fil des années, j'ai vu le monde du music-hall changer et les groupes de rock'n roll se multiplier. Les Chaussettes Noires avec Eddy Mitchell, les Chats Sauvages avec Dick Rivers, El Toro et les Cyclones qui n'ont guère laissé de souvenirs, mais dont le guitariste s'appelait Jacques Dutronc... Ce n'était pas encore le raz-de-marée, mais la déferlante rock des années soixante se précisait et allait bouleverser la façon de concevoir les variétés.

Dedie avait eu la riche idée de filmer en seize millimètres sonore tous les artistes qu'elle rencontrait. Grâce à ce travail extraordinaire, elle est naturellement devenue la mémoire vivante de cette époque bénie. Je lui dois d'ailleurs d'avoir pu faire un cadeau à Johnny pour ses vingt ans de carrière : huit chansons filmées en direct, en noir et blanc, au Vieux-Colombier de Juan-les-Pins. Séance inoubliable où, l'orchestre ayant été incapable d'assurer un accompagnement décent, Johnny avait dû faire tout le boulot, des intros jusqu'aux chorus de guitare. Il était déjà flagrant qu'il y avait de la graine de grande star chez ce rocker néophyte. Nous avions dix-sept ans. Nos rêves commençaient à devenir réalité.

Le Vieux-Colombier, dirigé par Aneth Badel, dinosaure aux cheveux blancs, était alors le plus beau fleuron des cabarets en plein air de l'été français. Des arbres poussaient en son milieu, des tables entouraient la scène, petite par la taille mais immense par les gens qu'elle accueillait. La clientèle y était aisée. Juan-les-Pins à l'époque c'était le must, Saint-Tropez n'existant encore que sur les toiles de Seurat, Camoin, Matisse, Dunoyer de Segonzac. Saint-Trop était alors un petit port tranquille où Dieu venait de créer Brigitte Bardot dans les bras de Jean-Louis Trintignant !

L'homme-orchestre de ce haut lieu de réjouissances de la Riviera s'appelait Paul. J'ai commencé à le fréquenter un jour vers deux heures du matin alors qu'il allait placarder de Menton à Saint-Tropez les affiches frappées d'une colombe qui annonçaient les spectacles à venir.

Une nuit, dans la cité du Bailly, j'ai rencontré un jeune homme qui collait lui-même son portrait. On le surnommait Koko.

Je lui demande :

– Pourquoi colles-tu tes propres affiches ?

Il répond d'un ton joyeux que personne ne le ferait à sa place et que sans cela il n'aurait pas le plaisir de voir sa gueule sur les murs.

J'enchaîne :

– Et qu'est-ce que tu fais à Saint-Tropez ?

– Je suis, me rétorque-t-il, le percussionniste de l'orchestre d'Olivier Despax. Nous passons au Papagayo. Viens donc m'y voir un soir. J'y apprends à danser à Brigitte Bardot.

Dès le lendemain, je me renseigne sur ce fameux Koko et j'apprends qu'il m'a dit vrai. J'apprends aussi que cet étrange personnage vient effectivement de sortir un disque, moitié arabe, moitié français, dont le titre à lui seul dit toute la quintessence : *« El nabout »*. Et *« nabout »*, – m'avait-il précisé – c'est la danse que vous appelez le twist ! Je ne pouvais pas me douter que ce jeune homme natif d'Alexandrie allait devenir quelques années plus tard, entouré de ses Clodettes, Mister Claude François, star mythique s'il en est ! Un homme que j'ai mieux connu par la suite, d'un professionnalisme exacerbé, autoritaire, soupe au lait, mais dont la « Sélection de "Rigueur" Digest » cachait en fait un grand cœur et un amour du public.

La Soledad, notre maison familiale d'Antibes, se trouvait à quelques encablures du Vieux-Colombier où je passais donc mes nuits. C'est là que j'ai appris ce qu'était vraiment le music-hall. J'y ai découvert une vraie sonorisation, des micros high-tech, de parfaits amplificateurs, des lumières top niveau. Certes, le Vieux-Colombier n'était pas le Carnegie Hall mais, pour l'époque, question technique, il n'y avait rien à redire.

Les plus grands artistes du moment, qui ne s'y trompaient pas, venaient pour un soir ou deux. Notamment les musiciens de jazz les plus prestigieux : Claude Luter accompagnant le grand Sidney Bechet, que je connaissais du Quartier latin et qui venait de se marier à Juan-les-Pins, créant pour l'occasion le fameux *Dans les rues d'Antibes*. Moustache bien sûr, François Galepidès pour les intimes, qui devint un de mes meilleurs amis, un gros bourré d'humour dont je fis mon modèle, ses sorties et ses bons mots faisant la joie du ban et de l'arrière-ban des fêtards dont il était le roi. J'ai accompagné l'un après l'autre jusqu'à leur dernière demeure le gros Mousse et sa femme Simone. Ce jour-là, le quartier de l'église grecque près de l'avenue d'Iéna ressemblait à La Nouvelle-Orléans.

Moustache a été très important pour son époque. Nous sommes nombreux à rire encore de ses bêtises avec des larmes dans les yeux.

Derrière le Vieux-Colombier, il y avait une petite boîte étrange, le Fine Club, qui appartenait au même propriétaire, et qui avait des coulisses communes avec ce temple de la musique. Là, l'ambiance était tout à fait différente. Sous la férule d'André Bari, un homosexuel rigolard et un peu libidineux, d'étranges personnages évoluaient chaque nuit. C'est dans cette boîte que j'ai découvert le monde des travestis. Un monde étonnant qui n'en était alors qu'à ses prémices. Bébé, une petite blonde pulpeuse, y prenait son bain de mousse tous les soirs, Fétiche, Câline, Cynthia et Chouchou y chantaient et s'y déshabillaient d'une façon si naturelle qu'on avait envie de les imiter.

Tous ces gens bourrés d'humour m'ont conduit pendant de longues années à travers un univers malheureusement disparu aujourd'hui. Coccinelle menait grand train au casino avec son spectacle, qui constituait, jusqu'au petit matin, une fête étonnante. La dérision, l'humour, la coquetterie, la bonté et l'extrême beauté de tous ces personnages ont par la suite dominé le Paris de la nuit jusqu'à la fin de l'Alcazar. Le monde de l'homosexualité a toujours beaucoup apporté en création et en talent au monde du spectacle, pour le plus grand bonheur de tous. Pour moi, ces jolies femmes ne furent jamais des « travelos », ni des « homos » comme ils disent, mais des amies.

Ma seconde expérience essentielle, je l'ai connue à Notre-Dame-de-Bellecombe, une station de sports d'hiver, à douze kilomètres de Megève. Ma sœur, mon frère et moi y passions des vacances, sans nos parents. C'était à l'époque un petit village. Sur la place, Mme Ray, une brave femme, nous louait deux chambres pour trois francs six sous. Elle nous servait à manger à midi et le soir. Nous n'avions de comptes à rendre à personne. Nous faisions ce qui nous plaisait : du ski, de la marche, de la musculation. J'y fréquentais une salle de gymnastique créée par Claude Besson, le père de Luc.

C'est à Notre-Dame que j'ai fait, à quatorze ans, la connaissance de Jean et Michel Drucker qui avaient mon âge. Je m'étais instauré animateur d'une boîte, L'Ambiance, dont le patron, Henri Rouvier, était le papa de deux futures championnes du monde de ski. De dix-huit heures, la fin du ski, à deux heures du matin, j'y entretenais l'ambiance avec ce que l'on trouvait alors dans le juke-box : le cha-cha-cha, la samba, le mambo, etc. On dansait sur toutes les musiques. Je me déchaînais sur cette piste en faisant des démonstrations de be-bop, que j'avais déjà pratiqué dans les caves de Saint-Germain-des-Prés. Je découvrais là l'occasion de m'éclater sur des rythmes qui n'avaient jamais encore été chorégraphiés. L'Ambiance a été ma première vraie fausse boîte de nuit. J'y ai vécu des moments passionnés et passionnels avec des femmes qui ne ressemblaient pas du tout aux jeunes filles de l'Alliance française que je côtoyais à Paris.

Paris. Revenons au moment où je quittais ma chambre en cachette pour aller faire la fête à Saint-Germain-des-Prés justement. J'y retrouvais quelques-uns des anciens Attaquants, comme Jean-Paul, le fils du boulanger. Nous nous rencontrions au Caveau de la Huchette, au Rallye, un bistrot de la place Saint-Michel, ou à la Gentilhommière au coin de la rue Saint-André-des-Arts. Ce bar était le rendez-vous des snobs en veston cravate. Quelle horreur ! Ils arrivaient en voiture, quand nous nous déplacions en scooter ou à pied. Nous les observions en nous marrant. Ils étaient sur notre territoire. Ils l'ignoraient !

Nous fréquentions aussi le Bidule, le Chat qui pêche, le Storyville, les Trois Maillets et toutes les boîtes de jazz du quartier, ainsi que deux ou trois restaurants où l'on mangeait pour huit francs de l'époque avant de retourner nous coller des ventrées d'harmonies jusqu'à cinq heures du matin.

À dix-sept ans, quand j'étais au lycée Henri-IV, j'allais souvent directement en classe sans repasser par la maison. C'était l'époque où je m'essayais au trombone à coulisse... et en coulisse si possible... car le résultat n'était pas vraiment brillant. Je me souviens de la tête ébahie du prof de philo lorsqu'il me voyait arriver avec mon étui de trombone en guise de cartable, mes cahiers roulés à l'intérieur. J'ai pourtant fini par avoir mon bac. Mais le trombone, par respect pour ce noble instrument, je l'ai abandonné à vingt ans !

Saint-Germain-des-Prés, le Quartier latin, c'était chez moi. Et la Seine, donc ! Je n'avais pas huit ans quand je prenais mes deux cannes à pêche, sautais dans les bus 27 ou 21, et filais jusqu'au bas du boulevard Saint-Michel. De là, je longeais le quai et j'allais pêcher au square du Vert-Galant. J'étais devenu copain avec tous les clodos du coin. Sous les ponts, il y avait des artistes qui jouaient de la clarinette ou du trombone, histoire de ne pas embêter leurs voisins et de charmer les poissons. Ils m'ont initié au jazz et au bebop. Comme quoi, aller pêcher peut vous conduire à Boris Vian ou à Monsieur Tire-Bouchon, de son vrai nom Yves Guilbert, neveu de la grande chanteuse Yvette Guilbert.

Monsieur Tire-Bouchon, un gaillard très étrange aux moustaches en tire-bouchon, d'où le sobriquet. Il avait comme parrain maître Floriot, avocat, ténor du barreau. Né en 1926, Yves avait donc une sacrée différence d'âge avec moi. Il dansait comme pas un dans les boîtes de jazz car, comme tous les types de cette génération, il était fou de cette musique qui avait marqué l'après-guerre.

Je me sentais bien dans ma peau dans ces années soixante. Comme je me sentais bien dans ma petite chambre de bonne, au plafond bleu et aux murs roses. Mes parents n'y montaient jamais. C'était mon univers personnel. Ils le respectaient. À l'occasion d'un de mes premiers chagrins d'amour, j'y ai pris ma première cuite. Au Martini rouge. Rouge et chaud ! Un souvenir terrible, qui n'a finalement pas nui à mes inclinations naturelles et héréditaires !

Les toilettes étaient sur le palier. Je disposais seulement d'un lavabo qui faisait office de salle de bains... et de pissotière. Bref, le parfait nid d'amour !

Quelle aventure pour un ado d'emmener une fille chez soi, de lui faire l'amour et de s'éveiller dans ses bras. C'était fabuleux !

Aujourd'hui, à l'âge dit mûr, pour le romantisme et la sensualité, j'ai tendance à adhérer aux immortelles pensées de Georges Brassens : *« Quand je pense à Fernande, je bande, je bande, Quand je pense à Félicie, je bande aussi, Quand je pense à Eléonore, mon Dieu je bande encore, Mais quand je pense à Lulu, là je ne bande plus, La bandaison, papa, ça ne se commande pas. »*

Avec moi les « Lulu » pouvaient rejoindre la farandole heureuse et jouissive des copines, amies ou autres passantes du sans-souci qui nous ont tant donné de plaisir, qui nous ont appris à aimer en musique, qui m'ont appris à apprécier autant le swing que leurs strings, autant le jazz que la java !

XI

« *SYLVIE, JOHNNY, SŒUR ET FRÈRE AUSSI* »

Eddie Vartan et Francis Dreyfus formaient un duo de copains que l'amour du jazz rendait inséparables. Ils étaient plus âgés que moi, et nos rencontres nocturnes à répétition dans les clubs-culte de la capitale – le Caveau de la Huchette pour le New Orleans, les Trois Maillets pour le middle jazz, le Chat qui pêche pour le modern jazz ou encore le Blue Note, seule boîte de la rive droite – s'ajoutant à mon insolite jeunesse (je n'avais pas plus de quatorze ou quinze ans !) les ont suffisamment amusés ou intrigués pour qu'ils aient envie de faire ma connaissance.

Très vite, je suis allé régulièrement chez les Vartan, une famille d'immigrés bulgares composée de cinq enfants et débarquée en France quelques années auparavant. La mère d'origine hongroise et le père, ex-attaché de l'ambassade de France à Sofia, ont tout de suite partagé avec moi ma fameuse « slavitude ».

Toujours très ami avec le pape Jean XXIII qu'il avait connu dans sa jeunesse, papa Vartan, homme remarquable, à l'intelligence et à l'érudition éblouissantes, était arrivé sous nos latitudes sans un sou en poche, et tout le clan habitait un très modeste appartement de l'avenue Michel-Bizot, dans le douzième arrondissement, dans l'immeuble où demeurait également un certain Franck Ténot.

La petite dernière de la famille était une gamine adorable de douze ans, prénommée Sylvie, dont personne ne pouvait soupçonner qu'elle ferait la carrière que l'on sait, mais que j'ai immédiatement adorée.

Eddie, excellent musicien, gagnait alors sa vie comme arrangeur compositeur et avait déjà écrit plusieurs chansons et musiques de film. L'été, avec son pote Francis, il se rendait lui aussi à Antibes, ce haut lieu de festivités musicales, une raison supplémentaire de développer notre amitié. Je me souviens notamment que, entre les heures de plage et celles des débuts de concert, nous nous livrions tous les trois avec des partenaires de tout poil à de titanesques parties de poker !

Au fil des étés, Sylvie est devenue une jeune femme magnifique, subtile et enjouée. Jean-Jacques Debout lui vouait un amour fervent et enthousiaste, malheureusement pour lui sans retour. C'est pourtant lui, peu rancunier et particulièrement beau joueur, qui lui présenta Johnny avec lequel le coup de foudre fut immédiat. On raconte même que c'est en les voyant danser ensemble le slow du grand déclic, dans une boîte de nuit marseillaise, que Jean-Jacques aurait écrit son fameux tube *Nos doigts se sont croisés...*

Quelques mois plus tôt, Sylvie avait été propulsée par le plus grand des hasards sous les projecteurs du show-biz, et sa notoriété, après un tube et une tournée à succès en première partie de Gilbert Bécaud, l'imposait déjà comme l'une des trois stars, avec France Gall et Françoise Hardy, d'un courant qui allait submerger le paysage musical, celui des yé-yé. Le tube en question s'appelait *Panne d'essence*.

Eddie Vartan l'avait composé pour le couple Claude Benzaken (alias Frankie Jordan) et Gillian Hills. Mais, le jour de son enregistrement pour la maison de disques RCA, la jeune femme avait fait faux bond. Claude Benzaken, alors dentiste, il l'est aujourd'hui redevenu, ne pouvait différer la séance et il fallait d'urgence trouver une solution. C'est Eddie qui eut l'idée d'appeler sa petite sœur Sylvie, qui rêvait en secret d'épouser le métier de son frère. Arrivée en trombe au studio, elle s'acquitta de ce remplacement avec efficacité puisque la chanson connut un triomphe immédiat.

De mon côté, j'avais une première fois croisé Jean-Philippe Smet d'une manière plutôt pittoresque alors qu'il était en train d'essayer, en compagnie de Lee Hallyday, sa première guitare électrique devant la glace d'un magasin de musique de la rue Duperré, chez Cohn, tandis que moi j'en matais avidement la vitrine en quête d'un trombone. Mais je ne l'ai connu, rebaptisé Johnny Hallyday, qu'un peu plus tard, au Club des amis du jazz, rue de la Montagne-Sainte-Geneviève, alors qu'y faisait rage la joute entre les yé-yé et les jazzeux.

Fou de jazz, j'avais évidemment choisi son camp, presque un peu honteux de côtoyer ces yé-yé dont le niveau musical et textuel était globalement, il faut l'avouer, assez pitoyable. Mais je le répète, j'ai immédiatement deviné quelle immense star allait devenir Johnny. Avec une gestuelle totalement inédite et décapante, une voix aussi accrocheuse que puissante, des yeux à la fois bleus et canailles d'enfant des rues et de gamin perdu, il ne pouvait passer inaperçu.

Je me souviens que, quelques mois plus tard, aux États-Unis où j'étais allé l'écouter dans un infâme bistrot d'Oklahoma rempli de cow-boys impassibles, semi-éméchés, semi-désabusés, tous s'étaient retournés comme un seul homme dès qu'il était apparu, littéralement fascinés par sa démarche et son regard, avant d'être subjugués par ses vocalises et son swing déhanché.

C'est pendant l'été 1961 qu'est née notre amitié, quand il est venu chanter à Antibes au Vieux-Colombier où je faisais fonction de régisseur. Au cœur de Juan-les-Pins, jouxtant la pinède, l'endroit était plutôt chic, comme je l'ai dit, fréquenté par un public huppé où Johnny, en pantalon de cuir et chemise noire brodée d'or, arrivait, il faut bien le dire, comme un cheveu sur la soupe.

Pour faciliter son passage et atténuer le choc des cultures, des classes et des générations, je faisais tous les soirs rentrer gratuitement des enfants chargés de faire la claque ! Après le show, nous allions boire un verre, puis traîner sur les plages où nous retrouvions nos fiancées. Johnny s'était installé dans un hôtel bon marché étroitement chaperonné par sa tante, Mme Mar, une femme du style « ces dames au chapeau vert », qui passait son temps à partir à sa recherche, tandis que je passais le mien à l'envoyer sur de fausses

Carlos voyage…
Trois éléments essentiels
de sa personnalité :
le goût de la couleur,
la mer et, avec le cigare,
les plaisirs d'un épicurien.

Au Sénégal, en 2000. Carlos pêche l'espadon-voilier. Avec Odile Robelin, 8 fois championne du monde de pêche sportive. Le but est de prendre le plus gros poisson avec le fil le plus fin. Une fois la photo prise, le poisson est relâché, reoxygéné par son ami-pêcheur.

On imagine bien la description du poisson...

Avec Barbara Prot, une amie de Mimi et Carlos, et Denis Kerneïs, grand compagnon d'aventure.

Sur la plage, le pélican installé à demeure dans l'hôtel Espadon.

Soirée africaine organisée par Mme Koumbalow.

Après trois parties de pêche exceptionnelles dans la journée.

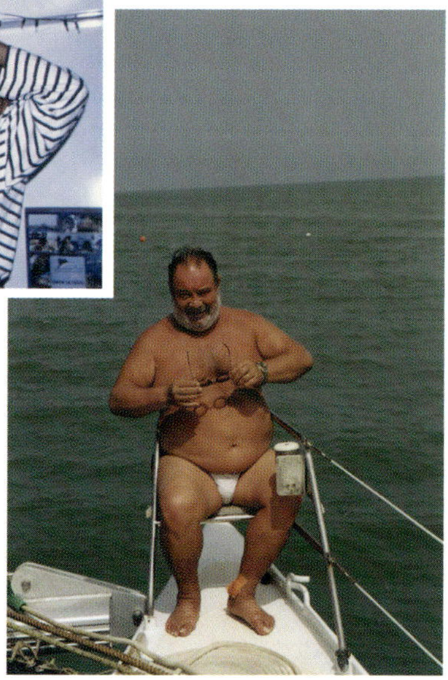

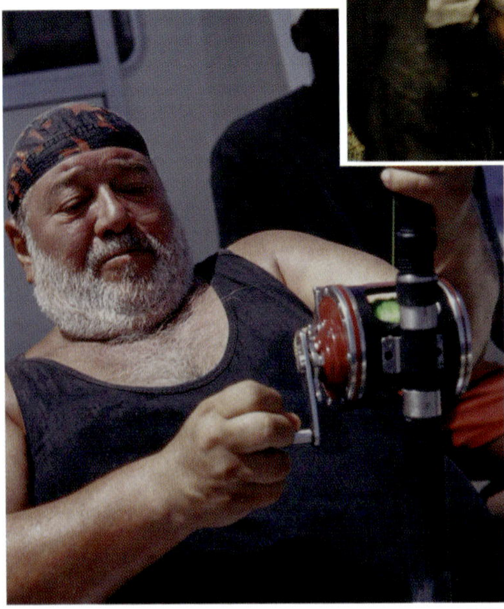

Voyage de pêche sportive au Cap-Vert, en 2001. Si l'on relâche pratiquement toutes les prises, les poissons volants s'invitent tout seuls sur le bateau.

Voyage au Cameroun, en 2004. Une journée de pêche
et un record du Cameroun, un marlin de 550 livres,
pêché par Carlos seul.

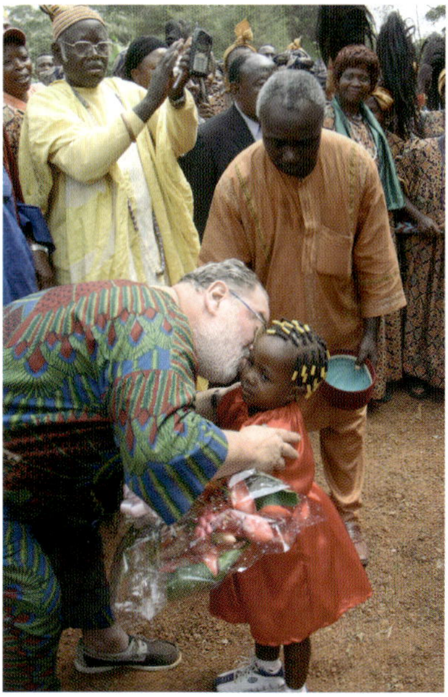

Au pays des Bamiléké, Carlos est attendu par la population pour être nommé Wambé-So Sefeu (« Ami du roi ») par Sa Majesté Tchoupé (au micro avec lui). Il porte ensuite le costume bleu et la coiffure traditionnels. Et il chante pour remercier de cet honneur singulier qui lui est rendu.

Carlos, en boubou typique de cette région, devant un magnifique édifice en bois sculpté, aujourd'hui disparu dans un incendie.

En pleine nature, source d'inspiration.

Carlos participe à sa façon
à un spectacle chanté
et à un concours de lutte.

Voyage à Cuba, en 2004. Partout où il va, Carlos, grâce à son charisme, fait des rencontres exceptionnelles : fumeuses de cigare, chanteuse (en rouge) et M. Robaina, le roi du cigare. Et, bien sûr, avec Ernest Hemingway, au bar de la Floridita

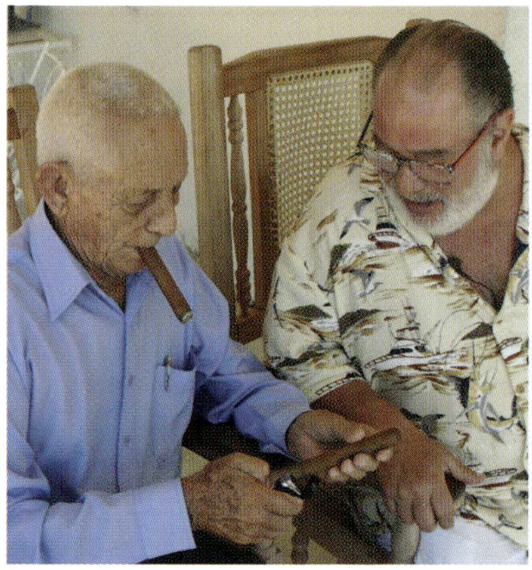

Librairie à Cuba et voiture de luxe dans les rues de Santiago.

Avec Jean-Pierre Daudet,
son fidèle cameraman.

Dans les Bijagos, en 2005, archipel d'une centaine d'îles, dont quinze seulement sont habitées, les autres servant de lieux de culte ou de culture, Carlos est intronisé roi du village d'Inorei sur l'île de Canhabaque. Pour se rendre au cœur de l'île où sont groupées les cases, Carlos, fatigué, est juché sur une vache. Joachim, organisateur de la cérémonie royale, porte comme Carlos des feuilles sacrées pour la circonstance.

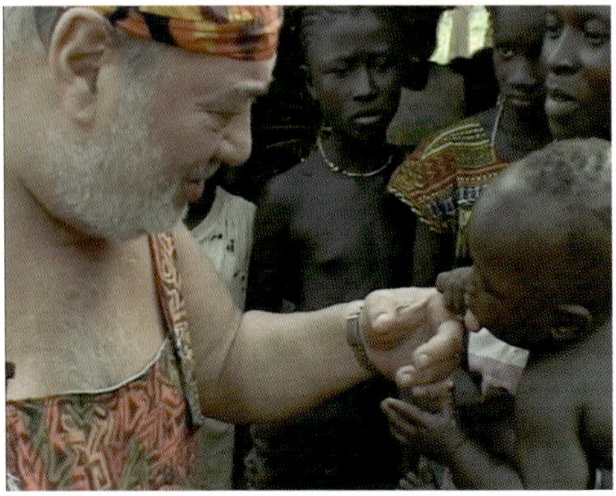

En route vers *l'Africa Queen*, bateau de croisière pendant le tournage du film.

Carlos assiste une nuit à la ponte d'une tortue et à la ruée vers la mer des bébés-tortues, menacées par tant de prédateurs, oiseaux et reptiles sur la plage, puis carpes rouges.

En Turquie, en 2005, Carlos expérimente tous les moyens de locomotion : carriole, charrette à bœufs (avec Denis Kerneïs), bateau (avec le guide) et chameau.

Toujours en Turquie,
Carlos confirme son amour
du déguisement.

Comme un adieu…

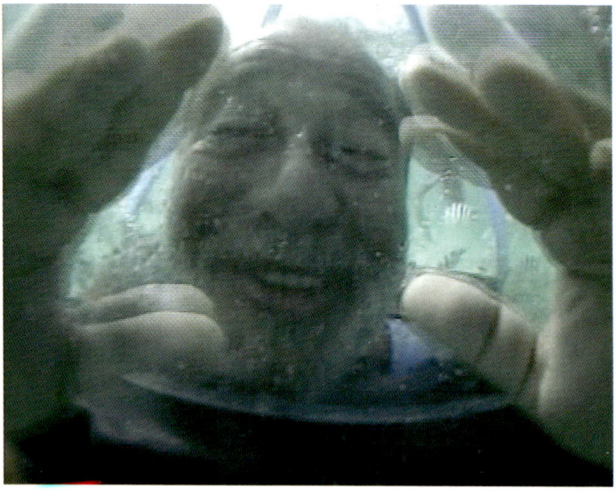

Juste après la disparition de Carlos, autour de ses photos, de gauche à droite, Denis Kerneïs, Catherine Dolto, Dominique Le Pivert, productrice et grande amie, et Grégoire Dolto.

Grégoire et Catherine Dolto.

Un toast à l'ami et au frère.

Photos Denis Kerneïs / Grenade Productions / Coll. personnelle Mimi / Alamo.

pistes. C'est comme cela que s'est forgée ma complicité avec Johnny.

À Paris, Johnny demeurait aussi chez cette tante, en bas de Pigalle, et travaillait comme employé de banque dans le quartier de la Trinité, soit à deux pas du Golf Drouot que venait d'ouvrir Henri Leproux sur l'emplacement d'une salle de bal où se réunissaient les coiffeurs le jour de fermeture des salons.

Tous les potes de son quartier allaient rapidement s'y retrouver. À commencer par les inséparables Eddie Mitchell et Guy Marchand, le premier lui aussi employé de banque, leader et chanteur d'un groupe baptisé les Chaussettes Noires, fascinant par sa culture cinématographique comme par sa connaissance pointue de l'Amérique ; le second plutôt zazou, traînard et bagarreur, en quête, comme les autres mômes du coin – Dutronc, Rivers et Aufray – de la meilleure façon d'exprimer son talent.

Même si les jazzeux de la rive gauche regardaient tout cela de haut, on ne peut nier que ce rock de la rive droite a généré une sorte de réveil de la jeunesse française qui s'est accompagné d'une floraison de nouveaux médias. Brutalement, on a pris conscience que les jeunes avaient besoin – dans ce climat pesant de la guerre d'Algérie (désignée hypocritement comme « les événements ») – de vedettes, de musiques, de journaux, de fringues et surtout d'espaces rien qu'à eux.

Le Golf Drouot répondait parfaitement à leur demande. Les apprentis chanteurs s'y essayaient sur de vieilles guitares bricolées et des amplis dérobés aux radios de leurs parents, de petits RV ou de minisonos

Semprini, d'origine italienne. Une guitare, une basse, une batterie suffisaient à composer un groupe. Pour l'arrivée des cuivres, on verrait plus tard !

Un jour, avec mon frère Grégoire, nous avons envie d'aller chercher le soleil un peu plus loin qu'Antibes. Nous optons pour la Corse, bouclons nos sacs de camping et affrétons une vieille Fiat carrossée en Allemagne en priant Dieu qu'elle ne fasse pas comme la bagnole de la chanson de Joe Dassin, qui « rêvait de Provence mais mourut à Fontainebleau ». Ce ne fut pas le cas, mais nous ne devons tout de même pas être d'assez bons fidèles car, arrivés sans dommage à Marseille, nous perdons notre moteur sur le quai du port au moment où la grue charge la voiture sur le ferry. Nous devons donc emprunter une guimbarde encore plus nase à un copain du coin qui nous achemine à Tizzano, au sud de Sartène, dans un endroit complètement désert, peuplé seulement de quelques abris à bateaux et de trois bistrots, dont un seul avec téléphone, un incroyable troquet nommé Le Bien Assis tenu par un ancien barman du *France*.

C'est ce dernier qui, incrédule, après nous avoir servi assidûment ses apéros pendant environ deux jours, m'annonce qu'il vient, sur son téléphone ne servant habituellement qu'à lui annoncer les décès, de recevoir pour moi un appel de... Johnny Hallyday ! Je rappelle aussitôt Johnny, qui m'apprend qu'effectivement il a besoin de moi d'urgence et que, d'où je suis, il a tout organisé pour que je le rejoigne directement et immédiatement à Boulogne-sur-Mer, en plein milieu de sa tournée.

J'abandonne donc mon paradis de plongeur, où nous pêchions des dorades, des sarres et des poissons magnifiques qui n'existent malheureusement plus que dans les grandes profondeurs, et me voilà en route pour Boulogne-sur-Mer, où une sacrée surprise m'attend. Quand je demande, très inquiet, à Johnny la raison de cette urgence il me répond le plus naturellement du monde :

– J'avais envie de te voir !

Je poursuis donc sa tournée avec lui, ce qui me donne l'occasion d'apprendre à piloter puisque nous nous déplaçons dans un appareil bimoteur prêté par un ami, Jean de Grimaldi, de Besançon.

Quelques jours plus tard, à Genève, où nous fêtons l'anniversaire de Sylvie, ma vie va basculer, et un doux piège se refermer sur moi. Johnny me propose de travailler avec Sylvie et de commencer dès le lendemain. Comme tout homme amoureux, il a envie que quelqu'un soit aux côtés de sa belle pour la protéger et veiller à ce que tout se passe bien.

J'ai dit oui et ce fut le début d'une grande aventure.

Assumer tout ce qui relevait de la logistique d'une tournée, tel était mon rôle : l'organisation des déplacements, des séances de signatures, les réservations d'hôtel, la gestion du personnel, du matériel, etc. Sylvie m'appelait Plum-Plum : j'étais son copain, sa nounou, son régisseur, son secrétaire bref six personnes en une.

C'était une lourde responsabilité et j'ai parfois eu des sueurs froides. Cette année-là, par exemple, la première partie du spectacle de Sylvie était assurée par Claude

François et les Gamblers, dont un des musiciens tenait à Constantine le magasin où Enrico Macias – que j'ai connu à Juan-les-Pins – allait, enfant, acheter ses disques. La tournée se faisait avec la sono de Claude François.

Or un soir, au Cannet, à la fin de sa prestation, voilà que, sollicité par le Vieux-Colombier à Juan-les-Pins pour un doublage, celui-ci remballe son matos et plante Sylvie sans ménagement. Plus question pour elle de chanter. Un vrai scandale ! Une telle bronca monte de la salle que nous devons exploser une porte et prendre la fuite en bagnole. Les médias montent l'événement en épingle, s'acharnent contre Sylvie et, à travers elle, contre les idoles yé-yé. Invitée au journal télévisé, Sylvie, loin de se dégonfler, fait face au maire du Cannet, présent sur le plateau et, avec infiniment de courage et de dignité, lui fixe rendez-vous dix ans plus tard. L'histoire a prouvé par la suite qu'elle avait mérité, sinon ses galons de vedette, du moins son statut de voyante, et qu'elle saurait tenir parole avec infiniment de talent.

Au fil du temps, Sylvie allait non seulement représenter son époque à la perfection, mais devenir aussi une figure de la France partout dans le monde, depuis l'Italie où elle a fait, en 1967, une tournée triomphale, jusqu'en Argentine et au Brésil.

XII

« PERSONNE N'ÉCHAPPE AUX ÉTIQUETTES »

1962. Année phare pour l'orientation nouvelle de nombreux destins. À commencer par le mien. Année où, pour fêter le premier anniversaire de « Salut les copains », à la Nation, la Préfecture de police attendait quelque dix mille personnes, quand, finalement, il en viendra des centaines de milliers. À cette fête, trois grands messieurs, Maurice Siegel, Sylvain Foirat, Lucien Morisse qui, en se libérant du ton compassé jusque-là en vigueur, avaient renouvelé le style de la radio et lancé le genre « gentils animateurs », vers le milieu des années cinquante.

L'évolution de la technique vient de permettre l'émergence d'Europe n° 1, qui fait alors figure de première radio libre. Pour autant, il n'est pas encore possible de la capter dans les voitures, de sorte que nous allons suivre dans les bars les émissions de Franck Ténot et Daniel Filipacchi, rebaptisés par nos soins Franc Créaneau et Daniel Vilipasqui ! Ils ont été les créateurs de l'émission culte « Pour ceux qui aiment le jazz», et Filipacchi, qui avait du flair et avait déjà découvert Sylvie et Johnny, a également fondé «Salut les copains». Le nouveau ton d'Europe n° 1 est incarné par Maurice Biraud tandis que Micheline Dax sévit sur Radio Luxembourg: tout cela est en train de nous changer singulièrement de la famille «Duraton & compagnie», d'autant que la télé n'en est encore qu'à ses balbutiements. Le monde n'est encore qu'audio, avant de devenir audiovisuel, puis seulement odieux et trop visuel!

Je commence à bien gagner ma vie avec les tournées de concerts de jazz organisés par Europe n° 1, toujours avec Filipacchi et Ténot, au rythme de deux sessions par soirée, l'une à six heures et l'autre à minuit, sans que le programme ne s'arrête entre les deux, de sorte que la salle ne désemplit pas. C'est encore la folle époque des cabarets comme la Grille, l'Échelle de Jacob, le Port du Salut, avant que le disco n'inonde progressivement les boîtes de nuit – ou, pour reprendre l'expression de Max Favalelli, «vide les baignoires et remplisse les lavabos...» – pour les transformer en clubs, avant que brutalement la musique *live* soit remplacée par des enregistrements qu'on découvre maintenant en discothèque. C'est l'avènement des Patrice de Saint Hilaire, Jean Castel et Régine, qui a commencé, tout près de chez Prévert et Carné, à la Pergola, où s'est tourné le film *Les Tricheurs*, et où tous les voyous de l'époque se donnent rendez-vous.

Le monde de la nuit explose. Je rencontre alors le fameux Lucien Morisse qui me fait enregistrer mon premier disque à Rome, en italien.

Puis je commence à faire de la radio. D'abord en remplaçant Michel Coconni et Hubert Wayaffe, ensuite en animant, à la demande de Daniel Filipacchi, l'émission « Salut les copains ». C'est un peu paniquant, mais j'ai toujours pensé qu'il fallait saisir la chance quand elle se présentait. J'ai eu raison puisque, à partir de là, on me propose la tranche quotidienne de 12 heures à 12 h 30, avant les informations, sur RMC (Radio-Monte-Carlo), où je reçois des invités avec qui nous parlons à bâtons rompus de la vie, de la mort, de la joie, de l'amour, du métier, etc.

La radio, c'est formidable, car la voix qui en sort est beaucoup plus mystérieuse que celle qui s'accompagne d'une image. En outre, l'outil se révèle beaucoup plus souple. Je me souviens encore de l'émission « Reine d'un jour », animée par Pierre Bellemare, qui arrivait à faire faire des choses extraordinaires à ses auditeurs. Pierre, un talent incontournable du paysage médiatique français. J'en veux pour preuve son émission de télé « Les inconnus », à 19 heures 45, où les téléspectateurs devaient deviner qui se cachait sous un incroyable maquillage. C'est là que je suis apparu grimé en Quasimodo, avec une perruque et une bosse dans le dos !

Je chantonne aussi de temps à autre dans les boîtes de jazz. Entre 1963 et 1967, avec Sylvie, nous allons souvent en Angleterre enregistrer dans le studio des Beatles, pendant que, curieusement, les Rolling Stones travaillent dans un vieux studio de Boulogne.

Un jour, nous nous trouvons donc à Londres où Sylvie doit enregistrer un 33 tours avec une chanson que Jean Renard a composée dans un « séminaire Barclay ». Il faut en effet savoir qu'Eddie, qui possédait la plus grande maison de disques de l'époque, était très en avance sur son temps et que, tout en travaillant dans une ambiance très amicale, il organisait des séminaires au cours desquels il réunissait pendant deux ou trois jours musiciens et auteurs.

Pour le titre de Renard, *Deux minutes 35 de bonheur*, il manquait quelque chose pour la séquence du disque rayé. On hésitait entre un instrumental et une voix. Comme je participais régulièrement à l'élaboration des disques – j'avais déjà sifflé dans *Comme un garçon* –, on m'a demandé :

– Carlos, tu ne voudrais pas essayer un truc ?

J'ai donc pris une voix nasillarde pendant que, en studio, on frottait le disque souple dans la poussière pour lui donner ce côté un peu suranné.

Non seulement la chanson a fait un triomphe en France, mais les deux producteurs que Sylvie avait recrutés en Italie, où elle souhaitait faire carrière, ont bien « flashé » dessus. Nous avons donc enregistré le titre en italien, ce qui lui a assuré une énorme vente et déclenché des tas de spectacles et de télévisions, notamment dans la fameuse émission « Doppa Copia ». À la suite de cela, nous avons tourné au Bilboquet, avec les Davis-Boyer, un clip en couleurs où, portant un costume blanc croisé à boutons de nacre, j'apparaissais dans le pavillon d'un ancien phonographe, coiffé d'un canotier...

Je passais alors mes fins de semaine à Rome et je rentrais à Paris dès le lundi matin pour assurer les galas, les spectacles, les radios, et la bonne marche du Bistingo. Pendant quinze ans, j'ai mené cette vie folle, ce qui m'a contraint à présenter à Sylvie Jean-Luc Azoulay, l'un de ses fans, afin qu'il me remplace.

Le Bistingo. À l'époque nous avions en effet décidé, Hubert Wayaffe, avec qui je traînais rue Saint-Benoît, et moi, sur le conseil de Maurice Casanova, qui avait racheté l'Aquavit, la Brocherie, puis le Bilboquet, d'ouvrir un bistrot, le Bistingo, vite devenu le rendez-vous du Tout-Paris, de Belmondo à Brigitte Bardot, en passant par Cacharel, Daniel Hechter, Sardou, Delpech, et tous les grands musiciens de jazz qui venaient y faire le bœuf.

Parallèlement, j'ai monté, sous le Bilboquet, le Club Saint-Germain Bis, où se produisaient en permanence un orchestre de jazz et un poète, auquel Mitterrand, qui passait souvent par là pour se rendre de chez Mme Pingeot chez Lipp, a d'ailleurs donné de l'argent pour qu'il puisse publier ses recueils.

Côté artistique, l'un de mes deux titres, *I gelato con frappe*, devenu l'indicatif d'une émission de télévision pour enfants, a remporté un franc succès et m'a fait vendre plein de disques.

Mais ma préoccupation première était plutôt d'ordre militaire. Après Johnny, parti faire son service militaire alors même qu'Eddie Mitchell, bien soulagé d'en avoir fini, en revenait, j'ai eu un coup au cœur. Kinésithérapeute, j'étais logiquement sursitaire. Pourtant, un 29 août, de retour de tournée, je passe prendre mon courrier chez mes parents et, sur le haut de la pile, je vois une feuille de route. On m'y demandait de me présenter au service de Santé, à Nantes, au début du mois de septembre. Passé le premier moment de panique, j'essaie en vain de contacter du monde pour arranger mon cas et, désespéré, je me résigne à mon sort, en décidant d'aller noyer mon chagrin dans une boîte de la rue Balzac avec, en poche, mon billet d'avion. Je suis en train de m'arsouiller un brin quand, sur le coup de deux heures du matin, arrive Claude François à qui je raconte mon histoire et qui me dit :

– Tu aurais dû m'en parler, c'est trop bête, mon secrétaire connaît un mec formidable pour arranger les coups. Un médecin qui réforme sans trop de problème. Qu'à cela ne tienne, peu importe l'heure, je l'appelle.

Dès le lendemain, neuf heures, je sonne à la porte du cabinet médical, mais personne n'ouvre. Le concierge m'apprend qu'il n'y a pas de consultation le samedi et que je vais devoir revenir le lundi. Je lui explique pourquoi c'est totalement impossible et suscite ainsi sa compassion :

– Vous avez de la chance. Attendez-le là. Je sais qu'il doit passer prendre son courrier vers midi !

Le médecin arrive effectivement à l'heure dite. Je me présente et lui fais valoir que je ne peux pas interrompre ma tournée, que cette convocation tombe on ne peut plus mal et va briser mon début de carrière. Moyennant paiement, il me dit qu'il va rédiger un certificat à faire parvenir sans délai au Fort de Vincennes, attestant que je suis intransportable. Je me rends aussitôt chez

Claude Bloch qui se propose de transmettre le certificat, mais il revient une heure et demie plus tard pour m'informer qu'il s'est fait « jeter » par un commandant n'ayant rien voulu entendre.

Juste à ce moment, on sonne à la porte : c'est un député, bras droit d'André Baur, alors ministre de l'Intérieur. Il tombe à pic. Il m'a vu chanter en Corse. Il m'aime bien. Il intervient par téléphone pour arranger l'affaire.

Dix jours plus tard, je dois passer en conseil de réforme. Une nouvelle visite chez le fameux médecin me permet de récupérer ce qu'il faut pour obtenir des urines troubles. Puis je me présente comme il se doit devant tout un aréopage de médecins, avec mon toubib que j'ai payé grassement selon un tarif établi en fonction de la durée du temps de réforme. L'après-midi même j'obtiens mon papier dûment tamponné, non sans un clin d'œil lourd de sous-entendus de la part de celui qui me le délivre... !

Une délicieuse sensation de soulagement m'envahit. Je repense à l'angoisse que j'avais éprouvée en voyant mon Johnny se faire raser la tête avant son incorporation. J'avais vécu cette scène comme la remise de l'ultime cigarette au condamné. En Allemagne, à Offenburg, où il était « caserné », nous avons souvent rendu visite à Johnny. Déjà grosse vedette, il a été très bien accueilli par les autres bidasses, mais les gradés, eux, ne l'ont pas ménagé !

Comme quoi personne n'échappe aux étiquettes !

Du coup, j'ai décidé de me lâcher. Une émission de Maritie et Gilbert Carpentier est arrivée à point nommé. Elle devait se construire autour d'un artiste – moi en l'occurrence – sur un thème précis, avec des duos, des trios et des sketches, le tout avec costumes et chorégraphies. C'est ainsi que j'ai chanté, déguisé en bourdon volant, au milieu d'une énorme ruche remplie de danseuses habillées en abeilles !

Tout cela coûtait une fortune, même si nous avions la chance de disposer d'un formidable atelier à la SFP, rue des Alouettes, où s'activaient sans relâche des menuisiers, des charpentiers, des ébénistes, des peintres et des architectes pour construire nos décors. Joyeuse époque vraiment révolue !

Il y eut ensuite l'émission « Avis de recherche » de Patrick Sabatier, à laquelle j'ai participé à deux reprises. J'y ai recherché les élèves de ma classe de philo du lycée Henri-IV et, plus étonnant encore, de ma classe de neuvième à l'École alsacienne, dans un esprit très « Caraïbes ». Trente et un ans après les avoir quittés, j'ai vu arriver mes jeunes copains devenus adultes. Le changement était complètement fou. C'est tout juste si j'en ai reconnu quatre ou cinq, dont un certain Ambronson qui portait invariablement un blazer et une cravate-club et qui était devenu le capitaine d'un ancien gréement, navire-école de marine à voile pour jeunes Anglais !

Ces émissions m'ont valu un nombre d'appels inimaginable. J'ai pu constater à quel point les gens se faisaient de vous une image toute faite et quasi immuable. Mes rondeurs par exemple, chacun s'imagine qu'elles sont le reflet de ma personnalité et presque tous les considèrent comme le gage de mon affabilité.

Elles donnent aux autres l'envie de me parler. Ajoutez-y le côté nounours et je deviens l'archétype du confident.

Un jour, après être passé à « L'École des fans » de Jacques Martin, des copains m'ont appelé de l'hôpital de Toulouse où ils assuraient une garde pour me dire qu'ils avaient suivi l'émission et que les bébés du service s'étaient trémoussés dans leur berceau dès que j'avais chanté, alors qu'ils n'avaient pas bougé en entendant les autres. Ils en étaient à se demander si ma voix éraillée ne correspondait pas aux sons qui leur parvenaient dans le ventre maternel à travers le liquide amniotique. Et, de fait, ma mère m'avait dit qu'une vibration spécifique de la voix pouvait pénétrer le cerveau du nouveau-né et activer des souvenirs fœtaux.

C'est un des pouvoirs mystérieux, à la fois flatteurs et angoissants, de l'artiste que de générer, en se livrant en pâture, des émotions comme des sentiments, de haine ou d'adoration, qui le dépassent. D'autant que ce sont souvent ses défauts, et non ses qualités, qui expliquent sa popularité.

Les déguisements que j'ai si souvent adoptés furent sans doute une façon de contourner le problème. À la télé, en tout cas, dès que j'ai pu me déguiser, je n'ai pas lésiné. C'est ainsi que j'ai dans ma cave deux ou trois costumes de lapin et, outre le bourdon précédemment évoqué, je me suis successivement transformé en cochon, en mygale, en pygmée, et même en langouste pour présenter à une chanteuse originaire des États-Unis mes homards à... l'américaine. Pour *Monsieur Météo* j'ai même fait un clip dans lequel je campais une grosse grenouille dans une piscine et, pour une émission de Dorothée, j'ai revêtu une somptueuse barboteuse de bébé.

J'aime cette possibilité non seulement d'entrer dans un personnage, mais aussi de me transformer physiquement. J'adore ce côté dessin animé, bande dessinée. C'est sûrement pour cette raison que la jeune génération me considère avec sympathie. D'autant que, à la chaleur des souvenirs d'enfance réveillés mes pitreries, les mômes devenus des jeunes reconnaissent des tubes dits « incontournables », joyeux en tout cas, qui ont marqué des moments de fête : la casquette des « Grosses Têtes », mes apparitions dans les « Numéros Un », le dessin animé sur Canal, la série *Sirocco* diffusée dans le monde entier, le *JAP*...

Beaucoup d'entre eux m'ont déjà demandé quel était le secret pour écrire un tube. Je n'ai évidemment pas de recette miracle si ce n'est que j'essaie de capter tout ce qui m'est rapporté par mon entourage. C'est ainsi que je me suis inspiré de ce que disaient les enfants de mes copains pour écrire *Je préfère manger à la cantine*, et de l'indignation d'une collaboratrice, Jacqueline Blot, contre les procès-verbaux dressés aux femmes qui se bronzaient les seins nus sur les plages, pour composer *Tout nu et tout bronzé*.

Une chanson peut venir d'un trait mais, plus généralement, sa conception suppose beaucoup de boulot, un boulot toujours intéressant : il faut rechercher la substantifique moelle et le mot qui colle le mieux à l'idée que l'on cherche à transmettre. Car un mot pèse souvent autant qu'une phrase. Une chanson, c'est trois couplets et un refrain, un clin d'œil à la vie, rien de plus qu'un petit moment d'émotion ou de révolte. Une chanson, on l'écrit avant tout pour se faire plaisir en espérant que ce sera partagé par les autres. Un des meilleurs moyens d'y parvenir est de l'interpréter avec conviction. C'est à quoi je me suis toujours efforcé, avec les talents de comédien qu'on a bien voulu me reconnaître.

On me demande souvent à cet égard pourquoi je n'ai pas plus souvent « fait l'acteur ». Eh bien, cela ne tient pas à moi. Dans ce métier, on t'appelle ou on ne t'appelle pas. J'ai été à la pêche au gros, mais jamais à la pêche aux rôles ! Contrairement aux apparences, je suis quelqu'un d'assez timide et je ne suis jamais allé à la rencontre des producteurs. Et le théâtre ? me demandent ceux qui estiment que mes caractéristiques physiques y auraient plus facilement trouvé place. J'y ai songé. J'ai même joué *Le Médecin malgré lui* avec Michel Galabru dans le cadre d'une croisière musicale. Mais je voyage beaucoup, et le fait de jouer tous les soirs pendant des mois est une trop forte contrainte. Je veux être libre d'être libre.

J'ai réussi à faire onze films, mais je peux dire que je n'ai pas été aidé. Dans la vie, il faut cultiver une certaine dose d'indifférence et savoir se blinder, mais ce n'est pas facile pour les gens sensibles, même si j'ai la chance d'avoir des amis un peu partout, et que je me suis toujours débrouillé.

Ce qu'il faut savoir, c'est que dans ces métiers, il y a des prés carrés, des cénacles, des familles. Et, je le répète, personne n'échappe aux étiquettes. Je suis chanteur, gros, sympa... et même si un metteur en scène veut passer outre ces étiquettes, il y aura toujours un producteur pour les lui rappeler. À la longue, cela devient frustrant. Je n'en dirai pas plus, car je veux rester respectueux des autres. Je veux bien parler des bonnes choses, mais ne comptez pas sur moi pour jouer les balances ! Ce qui importe, c'est que je n'attends plus rien, mais que je garde comme des pierres précieuses tous les petits cailloux qui ont parsemé mon chemin.

L'expérience du *JAP*, par exemple, m'a beaucoup plu. J'ai eu de bonnes critiques. On m'y a carrément comparé à Gabin et Raimu. Que demander de plus ? Le scénario présentait malheureusement l'inconvénient de ne pas être exportable puisque la fonction de juge d'application des peines n'existe qu'en France.

Au cinéma, j'ai commencé avec un tout petit rôle dans *Patate*, avec Sylvie et Danièle Darrieux dans la pièce de Marcel Achard. Plus tard, avec Mort Shuman, nous avons joué deux imprésarios, les frères Larsène. Plus tard encore, on m'a proposé de travailler dans un téléfilm, *Faux Frère*, avec Marie Dubois, où je jouais le rôle d'un ancien ivrogne vendeur de légumes sur le marché.

J'ai aussi lancé un projet, en appelant la production DMD d'Élie Chouraqui. Je devais y jouer le rôle d'un certain Boris Corton (mélange du prénom de mon père et de mon vin préféré), marié à une femme travaillant pour Médecins sans Frontières, qui a adopté un petit Africain et une petite Vietnamienne. Le couple évoluait dans une ambiance très largement inspirée de celle où j'ai grandi, avec une babouchka qui s'occupait des enfants... Malheureusement, la direction de la chaîne a reculé au dernier moment.

XIII

« GROSSES TÊTES ET SACRÉES FIGURES »

Les « Grosses Têtes » ont été un des temps les plus forts et les plus marquants de mes années post-tubes. Certains m'en parlent parfois avec un rien de gêne, comme si j'avais été contraint à ce rituel populaire par un début de famine ! Grave erreur ! Cette émission, je l'aurais certainement faite pour pas un rond tant elle me plaisait. C'est une véritable institution à laquelle je suis franchement fier d'avoir participé : quel bonheur de voir les gens rigoler comme des malades dans leur voiture, au beau milieu des embouteillages ! Quelle jubilation de mesurer la joie de vivre qu'on peut générer !

Je me souviens aussi de mon excitation quand j'ai découvert que, de l'autre côté de l'univers, dans les îles françaises des Caraïbes ou de la Polynésie, la plupart des gens écoutaient l'émission à deux reprises, grâce au décalage horaire : le matin, en direct, et l'après-midi, en retransmission sur les ondes locales.

Sans Philippe Bouvard, l'émission n'aurait jamais pu connaître un tel triomphe. Elle n'aurait même pas pu exister. Non seulement parce que son excellent français et sa parfaite élocution, s'ajoutant à son sens inné de la formule et à son art de la chute, lui confèrent une vraie originalité, mais aussi parce qu'il possède cette extraordinaire mémoire doublée d'un réel talent pour relancer la machine et la mener là où il veut aller. Dans la réalité, Philippe est un journaliste extrêmement cultivé qui prépare très scrupuleusement ses émissions. C'est un personnage incontournable et sa mise à l'écart m'avait beaucoup attristé. Lui aussi, d'ailleurs ! Son remplacement est finalement tombé sous le coup de la loi des auditeurs puisqu'ils ont très vite réclamé – pour ne pas dire exigé – son retour.

Dès que l'on raconte une histoire à la radio, les gens se l'approprient. C'est finalement très jouissif et c'est pourquoi, pendant des années, j'ai tenté de transmettre au public des histoires inconnues. Pour les trouver, il n'y a pas de formule mathématique ! Il faut juste laisser traîner une oreille et s'inspirer de tout ce qu'on entend. Il faut aussi faire confiance au passé. J'adore ressusciter les bonnes vieilles histoires qui peuvent évoluer avec le temps. Ce fut le cas avec les histoires suisses de Ouin-Ouin ! Une histoire n'a finalement ni vraie vie, ni vraie mort. Tel le phénix, elle peut renaître de ses cendres, simplement parée d'un autre costume.

Mais, même intemporelle, une histoire ne peut pas s'adresser à toutes les tranches d'âge à la fois. J'en connais une très drôle, par exemple, qui fait allusion à un doryphore. Bien évidemment, elle ne marche qu'auprès des générations qui savent de quoi il s'agit. Il en va de même pour celles qui traitent des bignoles puisque les trois quarts des gens n'ont jamais entendu ce terme qui désigne les concierges, espèce, il est vrai, en voie de disparition !

Outre Bouvard, j'ai croisé dans l'émission une kyrielle de « sacrées figures ». Je pense d'abord à Léon Zitrone, un personnage extrêmement étrange qui racontait les choses d'une façon aussi précise que dogmatique. Son égocentrisme dépassait l'imagination à un point dont il n'était pas conscient lui-même. À un pauvre bougre qui s'énervait contre lui un jour, à la suite d'un accrochage en voiture, au cours duquel Léon était, au demeurant, dans son tort, il avait déclaré :

– Monsieur, à partir d'aujourd'hui, je vous interdis de faire partie de mes auditeurs... !

Autre personnalité plus qu'atypique : Alice Sapritch ! D'abord, c'était une grande comédienne. Ensuite, chose plutôt rare, elle faisait partie de ces femmes qui ont assez d'humour pour apprécier l'ironie, y compris quand elles en sont l'objet. Elle ne craignait d'ailleurs pas d'en rajouter dans la caricature sur elle-même en s'affublant d'accessoires comme un fume-cigarette, un boa, et j'en passe... J'estime qu'elle a énormément contribué à l'éclosion d'un humour féminin tout à fait inédit.

Chaque époque produit d'ailleurs ses comiques spécifiques et quasi historiques. Après Fernand Raynaud, Henri Tisot a marqué les années du gaullisme. Le comique de salon a commencé, lui, sous Pompidou et Giscard, avec Le Luron, à qui a succédé le nouveau bouffon du roi en la personne de Coluche, initiateur d'une mécanique d'audace, dans le second degré, mille fois imitée ensuite bien qu'inimitable.

À propos d'imitation, j'aimerais tirer mon chapeau au meilleur du genre, Laurent Gerra, dont la carrière a commencé chez Drucker. Il a une voix extraordinaire, un talent fou et écrit des textes incroyablement durs. Dans cette même veine, en plus caustique encore, j'ai beaucoup apprécié la première période des « Guignols ».

Mais revenons aux « Grosses Têtes ». Pour moi, les trois figures les plus marquantes de l'émission sont naturellement Jean Yanne, Jacques Martin et Olivier de Kersauson.

Ma première rencontre avec Jean Yanne remonte à l'époque de Gérard Sire, Francis Blanche, Claude Lelouch, et du groupe Pilote productions, alors installé près de la place des Victoires. Notons au passage que j'ai incarné pour Lelouch un curé sonneur de cloches dans l'une des premières pubs télé jamais produites, et dans des conditions dignes de « Télé bouts de bois », surnom donné aux films réalisés en Super 8 gonflé, ou en 16 millimètres, pour les scopitones. Dans l'un d'entre eux, au titre prémonitoire, j'ai fait une brève apparition. Il s'appelait *Les Pêcheurs de San Francisco !*

Jean Yanne et moi, donc, nous avons incarné ensemble deux imprésarios, les frères Larsène (référence au larsen) qui engageaient Mimi Coutelier, à l'époque amie de Jean. Avant elle, j'avais bien connu sa première épouse, malheureusement disparue prématurément, puis Sophie Garrel, relativement méconnue du public, que j'adore pour son intelligence et son humour, et avec qui il a eu un enfant.

Mimi Coutelier, comédienne de profession, était aussi une excellente cuisinière qui voyageait avec sa batterie de cuisine et son yorkshire enfermés dans des bagages Vuitton. C'était une belle femme dont Jean fut très amoureux. Sous ses airs rustres, il cachait, il est vrai, une grande tendresse. Ce bourru avait un cœur d'or. Dès notre première rencontre chez Castel, il est devenu l'un de mes maîtres.

Jean Castel en fut un autre. D'abord, c'était un rugbyman, ce qui est très important pour moi. En effet, à la différence du foot, le rugby est un sport qui permet de réunir dans la même équipe des philosophes, des poètes, des chirurgiens et des croque-morts. J'espère qu'il en sera toujours ainsi, puisse l'argent qui est le maître du monde ne pas tout pourrir. C'est une discipline qui a donné des types formidables de la trempe des Gachassin, Rives ou Spanghero. Des aventuriers et des guerriers, juste pour le fun ! Jean Castel était le « pharaon » des rugbymen puisqu'il avait à la fois le sens de l'humour, de l'amitié, de l'accueil. Capable de refuser sa porte à des millionnaires, mais de faire entrer certains clochards...

La portière de son club était Huguette de Sénéchal, l'épouse du fameux pianiste de Marlene Dietrich et chef d'orchestre de Sacha Distel. J'évoluais, à l'époque, entre Saint-Tropez où l'Épi Plage était le pendant de Chez Castel, et Juan-les-Pins où Les Pirates, qui faisait la part belle au jazz, était le pendant des cabarets de la Huchette.

Sidney Bechet s'y produisait. Arrivé en France après avoir tué un homme au cours d'une rixe dans un saloon, il n'était pas encore à l'apogée de sa gloire, mais il parvenait à remplir trois fois par an la salle de l'Olympia.

Ses grands succès de la fin des années cinquante ont été des slows hygiéniques qui permettaient de flirter avec les filles. Je me souviens notamment de *Petite Fleur* et de *Mon premier bal*, qui passaient dans les boîtes de nuit en alternance avec *Georgia* de Ray Charles, la chanson qui a réussi à réconcilier le jazz et le rock'n roll, à tuer enfin la guerre larvée entre leurs partisans.

Annie Girardot m'a, elle aussi, beaucoup impressionné. Je me souviens d'un séjour en Tchécoslovaquie, à Pilsen, où je devais tourner durant une petite semaine dans une prison pour longues peines – ce qui était assez pénible –, avec pour partenaire Annie dans le rôle d'une détenue. Pour l'amadouer, me faire bien voir, ou simplement lui faire plaisir, sachant qu'elle aimait les bonnes bouteilles, je me rends dans un restaurant français, Le P'tit Louis, où j'avise trois bouteilles de Lynch Badges d'une grande année, que je demande au serveur de me réserver. Annie arrive un peu plus tard, escortée du metteur en scène et du producteur local. Le garçon remplit alors les verres de ce très grand vin, que tout le monde siffle quasiment cul sec en moins de temps qu'il ne faut pour le dire, comme s'il s'agissait d'un vulgaire gros rouge. J'étais soufflé !

Le lendemain, tout au long de la journée, je le suis encore plus de la voir boire du thé, au repas comme en dehors des repas. Tandis que j'en fais la remarque aux assistants, ils me rétorquent :

– Ça se voit que ce n'est pas toi qui remplis la théière. Ne sois donc pas dupe !

Dupe, je l'avais effectivement été. Une autre anecdote de ma boîte à souvenirs mit, plus tard, définitivement à mal ma naïveté. Un jour, en effet, je prends l'avion pour l'île Maurice en première classe. À l'arrivée de mon voisin de rangée, un homme un peu rondouillard d'une soixantaine d'années, quelque peu dégarni, je me lève pour le laisser passer mais, dès qu'il s'assoit, son siège se casse. Bien évidemment, toute la classe affaires pense que c'est le mien qui vient de céder sous mon poids ! Le type, lui, est si contrarié que je lui propose d'échanger nos places. Mais il refuse.

Le commandant vient alors nous trouver pour nous expliquer que l'on ne peut pas réinstaller isolément un fauteuil et qu'il faut changer toute la rangée, ce qui va prendre un certain temps. L'avion décolle enfin. Par courtoisie, j'offre à mon voisin une boîte de cigares car, dans ce genre de situation, on devient assez vite « collègues ». Au cours du voyage, le type, un certain Riskrisk, richissime Libanais, m'apprend qu'il a lui-même trois avions : un Boeing, un Mystère 20 et un appareil à hélices, mais qu'il n'a pu prendre son Boeing personnel, la femme de son pilote étant en train d'accoucher à Paris. Il me raconte qu'il revient de Londres où il est allé signer un contrat pour équiper les chars russes de radars américains. Il insiste pour que je reste quelques jours chez lui à Djedda, l'escale suivante, me promettant de mettre un de ses avions à ma disposition pour rallier l'île Maurice. Je lui fais alors valoir que l'Arabie saoudite est un pays où l'interdiction de consommer de l'alcool est un peu trop stricte à mon goût, ce à quoi il me répond tout de go :

– Vous rigolez, il suffit de le servir dans une théière...

Autre picoleur de génie, qui me manque cruellement aujourd'hui, presque autant que m'indigne l'absence de ses chansons sur les ondes : Jacques Brel, un type vraiment spécial, qui vomissait avant d'entrer en scène et refusait les rappels quand il en sortait... Sauf à l'occasion de son ultime prestation, à l'Olympia, où il est revenu après une heure d'applaudissements vêtu d'une robe de chambre. Il a composé pour moi deux titres enregistrés sur une cassette qui s'est malheureusement perdue lorsque Barclay l'a prêtée à Frédéric Rossif pour les besoins de son film sur Brel...

Sur cette cassette, qu'il avait enregistrée en extérieur, ayant émigré au soleil, on entendait en fond sonore les merles des Moluques, introduits en Polynésie pour lutter contre l'invasion des guêpes. C'était un enregistrement très émouvant ! Ces deux titres ont d'ailleurs servi d'étincelle à l'écriture du fameux disque bleu, *Les Marquises*, dont la sortie, préparée par Eddie, avec des codes chiffrés pour en assurer partout la simultanéité, a malheureusement été très critiquée et quasiment perçue comme un coup de pub !

Brel souffrait de ce que j'appelle « le syndrome piaf », référence humoristique aux oiseaux et non à la chanteuse ! Comme il avait promis à son secrétaire Jojo, qui avait épousé une Antillaise, de les emmener aux Antilles dans un avion qu'il piloterait lui-même, et qu'en Mai 68 il était impossible de le faire depuis la France, il s'était rendu en Suisse pour y obtenir un majeur, car il n'y avait qu'un vol hebdomadaire, le lundi, pour assurer la liaison entre les îles et Papeete. Chacun se demandait alors pourquoi il s'était retiré aux Marquises. Quand je l'ai interrogé sur les raisons de ce choix étonnant, surtout de sa part, avec le poids de la religion, l'affluence de moustiques, l'absence de lagons et une mer agitée, il m'avait répondu que, arrivé par bateau à Moyné et s'étant vu refuser l'accès du port, il était simplement reparti pour les Marquises et y était resté !

La première fois que je l'ai rencontré, j'étais avec Sylvie et Johnny à Grenoble et il m'avait proposé de me ramener à Paris dans son avion personnel, un petit monomoteur. Durant le voyage, je lui avais demandé pourquoi, dans une de ses chansons, il s'était attaqué à la ville de Vesoul. Il a alors fait un détour pour me montrer l'endroit, où il a d'ailleurs fait le plein, avant de regagner l'aérodrome de Guyancourt.

Dans les îles, il devait se poser fréquemment pour alimenter son appareil en carburant, ce qui était assez dangereux. Il a donc commandé un bimoteur, mais il lui a fallu repasser sa qualification de pilote bimoteur, la France ne reconnaissant pas le brevet qu'il avait obtenu en Suisse. Comme cela l'ennuyait au plus haut point, d'autant que l'entretien des avions-écoles laissait à désirer, je lui ai conseillé de prendre sa plus belle plume, d'écrire au ministre pour lui expliquer la situation et, au lieu d'envoyer sa lettre, de se contenter de la montrer à ses instructeurs. C'est ce qu'il a fait. Il a ainsi obtenu son diplôme sur-le-champ !

Dans l'une des chansons qu'il m'avait écrites, il se qualifiait de « Lama belge » pour se moquer de Serge. Il n'aimait pas ce chanteur, car il voyait en lui un véritable rival. Pourtant, même si Lama avait, comme lui, une sacrée voix et se donnait plus que généreusement à son public, il n'y avait pas photo entre leurs répertoires. Mais Jacques était quelqu'un de simple et il n'avait pas conscience de l'immensité de son talent. Et puis la gué-guerre entre les deux artistes devait beaucoup aux journalistes, qui ne cessaient de l'attiser.

Dès qu'il s'est su très malade, Jacques a systématiquement cherché à échapper aux photographes. Je me souviens qu'à l'hôpital il s'était entouré le visage de bandes Velpeau, exactement comme l'homme invisible, pour ne pas être reconnu ! Il y a subi une opération qui avait parfaitement réussi et dont il s'était assez bien remis. Mais un jour il a attrapé froid et il est finalement mort des complications d'une simple grippe !

Autre monstre sacré, Michel Simon, qui me dit un jour, alors qu'il jouait *Du vent dans les branches de sassafras*, qu'il n'assurerait pas la représentation du soir, au motif que personne ne l'aimait. Il pose alors comme condition pour entrer en scène que Simone Bertaux, la directrice du théâtre, vienne le voir et lui fasse une petite bise.

Et puisqu'on en est aux gouailleurs, parlons de Michel Audiard, pour qui j'ai accepté de jouer dans *Le Cri du cormoran le soir au-dessus des jonques*, rien que parce qu'il m'avait assuré que nous prendrions nos repas tous ensemble, sur les lieux du tournage, en l'occurrence l'île de la Jatte, à la table de Michel Serrault, Maurice Biraud, Paul Meurisse, Jean Carmet, Gérard Depardieu et Bernard Blier. J'ai encore le souvenir de ces repas et des extraordinaires joutes oratoires auxquelles ils donnaient lieu, entre Meurisse, très chic, Biraud et sa faconde, Serrault aussi volubile que fantasque et Blier toujours très cinglant.

La drôlerie de ce dernier n'avait d'égale que sa férocité. Claude Brasseur tenait d'ailleurs de son père une jolie histoire de théâtre, qui date de l'époque où Bernard Blier, réputé pour sa méchanceté, jouait avec le jeune François Perrier, père de l'épouse de Michel Sardou, Anne-Marie Perrier, et, moins officiellement, de Jean-Marie, célèbre photographe.

À l'issue d'une représentation, une lettre lui parvient dans sa loge rédigée de la façon suivante :

Cher Monsieur Blier, je suis l'un de vos admirateurs depuis longtemps et j'étais hier soir dans la salle : quelle merveille ! Merci ; le texte est magnifique et vous le servez admirablement. J'ai passé une soirée formidable. Une seule petite ombre au tableau : pendant le salut final, vous ne souriez pas, ce qui est un peu triste pour votre public qui vous adore.

Le lendemain, l'acteur reçoit une deuxième lettre :

Monsieur Blier, je vous ai écrit hier et je le fais de nouveau, à la suite de votre spectacle. Comme d'habitude, je me suis régalé et n'ai rien à redire sur votre comportement d'artiste et de comédien, toutefois, je note que vous ne souriez toujours pas.

Le surlendemain, rebelote :

Monsieur Blier, aujourd'hui, j'ai suivi votre spectacle avec des personnes venues des quatre coins de la France, spécialement pour vous voir. Nous vous avons applaudi debout pendant vingt minutes et, pas une fois, vous n'avez souri. C'est vraiment se moquer du public ! Bien à vous.

Même topo le jour suivant :

Monsieur Blier, j'étais encore dans la salle hier soir et, cette fois, j'en ai marre. C'est non seulement une marque de mépris pour votre public, mais une injure à votre talent : je serai, ce soir, au premier rang et tout peut arriver car je serai armé.

Ce soir-là, au moment du salut final, Blier se penche et envoie un sourire jaune au premier rang. François Perrier lâche alors le morceau :

– Gros enfoiré, t'as donc reçu mes lettres !

Un soir, je me trouvais dans les coulisses de l'Olympia en compagnie de Jacques Martin, qui présentait le numéro de Jean Yanne, lequel arrivait quelques minutes à peine avant son entrée en scène pour repartir dare-dare doubler un autre comédien, rue Jacob. Le numéro de Jean consistait, avec un petit guide chant, à expliquer au public comment il se faisait extorquer de l'argent par son employeur. Sur une musique franchement nulle, sa démonstration s'appuyait sur un ratio entre la recette brute, la quantité de public et le nombre de chansons interprétées. Il illustrait son propos par une chanson improvisée, complètement foireuse, qui commençait par « Si tu t'en irais, si tu me laisserais seul au monde... », ce qui déclenchait aussitôt l'hilarité.

Ce soir-là, Jacques Martin demande au public d'essayer de contenir son rire le plus longtemps possible.

Jean arrive, demande comment est le public. On lui répond : « super » ; il entre en scène, confiant, et là... rien ! Il se retourne vers nous d'un air inquiet et commence son sketch, qui habituellement déclenchait une salve de rires toutes les dix secondes. Toujours rien ! Jusqu'à ce qu'un type pouffe aux « quatre francs » de la chute de l'histoire, et que le public lui réponde par un « chut ! » collectif avant à son tour d'éclater de rire. Inutile de vous dire que, lorsque Yanne a eu tout compris, il ne s'est pas privé de nous injurier !

XIV

« LE CHANT DES SIRÈNES »

Ces dernières années, je me suis essentiellement consacré à mes deux passions : la pêche et la mer.

La mer, c'est un peu comme la mère. Le liquide amniotique ressemble beaucoup au pH de la mer. Quand on est sous l'eau, et Dieu sait si mes plongées furent nombreuses, on retrouve cette sensation de sécurité, cette harmonie entre les « barbotements » du fœtus et les battements du cœur de sa maman. On redécouvre ce silence ouaté comme une méditation philosophique qui vous isole des bruits extérieurs et ressemble à une certaine idée du bonheur.

Aujourd'hui, on marche sur la Lune, on va sur Mars, mais on ne sait toujours pas ce qu'il y a au fond de la mer.

Moi, quand je vais mal, je pars m'asseoir au bord de la mer et j'entre en contemplation. C'est mon aspirine à moi. Mon kit de secours. Ma bouée de sauvetage.

Et puis la mer n'est jamais pareille. Elle évolue, change d'apparence et d'humeur, au fil du temps, comme un être vivant. Tout au long de notre vie, elle ne cesse de nous apprendre des choses.

Pêcher, c'est un peu comme lui faire l'amour. On s'isole avec elle, on appâte, on cajole, on attend, on fouille à l'aveugle son intimité, son ventre profond. On en sort ou non une ou plusieurs parcelles de vie.

La pêche, comme le casino, c'est aussi un jeu on ne peut plus symbolique. On lance un appât que l'on a fabriqué sans certitude, un peu au hasard, tantôt avec du fromage rassis, tantôt avec du maïs écrasé, tantôt avec du pain mouillé. Magiquement, en descendant dans l'eau, cet amalgame, plus ou moins dilué en fonction des courants, va – peut-être – attirer quelque chose dont on ignore tout. Il ne reste qu'à espérer un signe. Alors on ferre, et lorsque ça mord c'est toujours comme une victoire inattendue. En mer, le hasard est évidemment bien plus grand qu'en eau douce parce que tout joue : les saisons, la marée, la température de l'eau, le vol des oiseaux, la capacité à suivre le mouvement des poissons, le tout variant en fonction des pays.

Il y a eu deux facteurs déclenchants de mon amour pour la pêche. Deux facteurs quasiment simultanés : l'arrivée dans ma vie de Joe Dassin et la lecture du livre d'Hemingway, *Le Vieil Homme et la mer*.

Joe me parlait sans cesse du marlin comme d'un trophée mythique qu'il avait toujours rêvé de pêcher sans jamais y parvenir. Il s'agit d'un poisson à rostre, combattant, qui n'a pratiquement pas de prédateurs et qui se promène, en bancs ou isolé, à travers le monde. Certains d'entre eux parcourent jusqu'à huit mille kilomètres en quinze jours à la recherche de nourriture.

Lorsque j'ai pris mon premier marlin de cinq cent vingt-six livres, en 1979, à l'île Maurice, j'ai fait des pieds et des mains pour parvenir à joindre Joe au téléphone. C'était très peu de temps avant sa mort. Quand je l'ai eu au bout du fil, il m'a dit :

– C'est bien, je suis fier de toi !

Hemingway, lui, c'est l'idole absolue. Le modèle parfait. Indépendamment de tout ce qu'il a écrit, c'est bien sûr son *Vieil Homme et la mer* qui demeure mon livre de référence. Hemingway et cette espèce de folie et de bonheur qu'il avait d'être en mer, seul avec Gregorio son fidèle skipper qui est resté trente-six ans avec lui et que j'ai eu la chance d'interviewer sur l'eau, alors qu'il s'était juré de ne plus y retourner après la mort du maître ! Hemingway, l'homme qui adorait la vie, notamment Cuba où il a longtemps résidé. Cuba où il vécut des moments extraordinaires, là où il n'écrivait que ce qu'il voyait.

Un jour qu'il était au large, qu'il n'y avait pas de poissons, que la mer était plate, il aperçoit tout d'un coup un petit bateau avec, à son bord, un homme en train de combattre un gros poisson et un enfant qui a l'air gelé. Alors il tente une fois, deux fois, trois fois de s'approcher mais le type l'envoie balader. Attitude normale lorsqu'on pêche un gros poisson comme ça, car la règle est de passer en respectant au moins cinq cents mètres de distance entre les bateaux afin que la ligne ne soit pas coupée.

Ernest décide avec Gregorio de préparer une glacière avec de la nourriture, des boissons et des couvertures. Ils effectuent donc une nouvelle approche contre la volonté du type, posent la glacière près de l'enfant et s'en vont. Aussitôt ce dernier s'enroule dans les couvertures, commence à manger et envoie un sourire dans leur direction. Ils se retournent, et c'est à ce moment-là que le père perd son gros poisson. Hemingway avait noté tout ça sur des feuilles volantes et, quelques jours après, Gregorio lui dit :

– Tiens, vous avez écrit ça l'autre jour, j'ai relu, ça me semble intéressant.

Hemingway se relit et s'écrie :

– Oh ! la la ! Mais c'est même très bien. On va faire un livre !

Merci Ernest pour toutes les émotions que tu m'as données. Quelle tristesse que tu te sois suicidé. On t'aurait volontiers gardé un peu plus avec nous. Mais bon, là-haut, tu dois en faire rêver plus d'un. À propos, fais une bise de ma part à Ava Gardner si tu la croises !

La pêche, c'est aussi une métaphore de la vie. On fait traîner des appâts dans l'eau et il faut faire croire à ceux qui y sont nés, qui vivent dedans, qu'il s'agit de petites vérités. On s'insinue dans un monde inconnu, à la fois cruel et superbe, où chacun veut bouffer l'autre, où chacun cherche à se planquer.

Et puis, la pêche en mer, c'est les bateaux. Et moi je les aime à la folie. Ce sont à la fois des maisons qui flottent et des ambiances qui voguent. Quand on arrive sur un bateau, on sait tout de suite s'il est pêcheur ou pas. D'abord par sa ligne, son bruit. Ensuite par la personnalité de son skipper et de son propriétaire.

Celui qui m'a le plus ému dans ma vie c'est *El Pilar*, le bateau d'Hemingway. Voyez, j'y reviens déjà. Je l'ai retrouvé dans le garage de sa maison cubaine. Devant son siège de combat tout en bois, où pendant trente-six ans il a bataillé avec les mots et les éléments, je me suis mis à pleurer. Gregorio aussi.

Des grands hommes comme de petits hommes grands j'en ai, grâce à la pêche, connu beaucoup. Il y a quelques années, en mer des Caraïbes, dans les îles de Turks et Caicos, près de Cuba, un endroit incroyable, un lagon de soixante-dix kilomètres, je me rends au port et je loue un bateau pour une demi-journée à un jeune Irlandais tout rouquin. Me voilà parti avec mon attirail de pêche au gros. Au moment où j'ouvre mes boîtes, j'entends s'esclaffer le gosse qui fait office de moussaillon et le grand Black qui pilote l'embarcation. Vexé, je leur demande comment ils s'y prennent, eux, pour pêcher le marlin si rare dans ces contrées. Ils me montrent, goguenards, de tout petits appâts comme pour le sailfish ou le thon. Je leur en emprunte et je sors presque aussitôt une pièce d'une trentaine de kilos, ce qui m'apparaît ridicule. Je la ramène au bateau puis la rejette à la mer. J'entends alors mes deux compères s'exclamer :

– Mais c'était un marlin !

Moi qui en avais pêché de mille livres, je rétorque étonné :

– C'est ce que vous appelez un marlin ? Mais c'est un bébé : il faut le laisser vivre !

À ce moment-là, je réalise que cette île ressemble aux atolls de Polynésie et de Tuamotu où j'avais appris d'un Chinois, qui avait construit lui-même son bateau, comment pêcher le mérou avec des poissons leurres finlandais, en fer et réglables : les rapalas.

Bien décidé à donner une leçon à mes deux lascars, je me souviens qu'aux îles Turks et Caicos le mérou était très recherché, mais difficile à pêcher à cause de fonds assez plats parsemés de rochers de patates de corail. Je prévois qu'on va passer devant des trous de mérou, je sors mes rapalas et demande à mes compagnons de s'approcher de la barrière de corail.

Ils n'avaient jamais vu personne procéder ainsi, habitués qu'ils sont à pêcher seulement au fond et à la palangrotte. Par une chance inouïe, dès le premier tour, je ramène trois mérous pesant entre cinq et dix kilos. Mes deux «marqueurs» sont alors tellement épatés qu'ils veulent poursuivre la pêche et m'offrir le bateau pour la journée. Quand ils m'ont demandé le prix du rapala afin de m'en acheter un, je leur ai offert tous les miens. J'étais vengé de leurs railleries initiales comme de l'humiliation que j'avais subie.

Lorsque j'ai remporté le succès que l'on sait avec ma chanson *Rosalie*, pour laquelle j'étais costumé style Carmen Miranda, l'agence de publicité qui adaptait la chanson pour en faire *Oasis* m'a demandé où pourrait se dérouler le tournage. J'ai proposé les Bahamas parce que s'y ébattait le marlin mythique du livre de Hemingway. Du coup, ils me demandent si je suis un peu pêcheur, me proposent de me filmer en train de prendre un marlin et me donnent rendez-vous Au Coin de pêche, 50 avenue de Wagram à Paris, dès le lendemain, afin d'y recueillir le maximum de renseignements utiles.

Le patron des lieux me reconnaît et se montre particulièrement coopératif.

– Pour vous, je ferais n'importe quoi. Il faut que je vous trouve l'endroit exact où, à coup sûr, au moment où vous y serez, vous pourrez prendre un marlin.

Il pense à deux ou trois sites précis du côté de l'île Maurice, passe des coups de fil, contacte d'autres spécialistes. Je me dis qu'il en fait trop. D'autant qu'il ponctue ses recherches de commentaires élogieux sur des faits d'armes, mais aussi des détails moins connus de ma carrière et de ma vie. Il n'a pourtant pas le profil type de mes fans. Je me pose mille questions et me demande pourquoi il agit ainsi. Je vais le comprendre un peu plus tard.

Ce type, en fait, s'appelle Sacha Tolstoï et il n'est autre que le petit-fils de l'écrivain. Mais ce n'est pas tout.

Il y a quelque temps, une psychanalyste amie de ma mère, Antoinette Simion, m'a appelé pour me dire qu'un gamin de sa connaissance, atteint de leucémie, m'adorait et rêvait de me rencontrer. Je l'ai rappelée aussitôt en lui proposant de m'amener le gosse, ce qu'elle a fait deux jours plus tard.

Nous avons joué au flipper, dessiné, mangé des glaces. Je lui ai raconté des histoires et offert des disques. Bref, nous nous sommes régalés et, pour ma part, j'ai passé un après-midi formidable auprès d'un môme de quatre ou cinq ans aussi éveillé qu'un adolescent. Malheureusement, quelques semaines plus tard, Antoinette m'a annoncé que l'enfant était mort, sa chambre était remplie de mes photos et de mes disques. Elle m'a aussi proposé de rencontrer ses parents, ce que je n'ai pas souhaité.

Or, au moment de sortir du magasin, j'ai appris de la bouche de Sacha Tolstoï que ce gosse était son fils. C'est donc dans ces conditions si particulières que je suis entré pour de bon dans le monde de la pêche au gros, où se côtoyaient notamment des gens aussi extraordinaires que ce Tolstoï, mais aussi Monory ou Pierre Clostermann.

Pierre, c'était vraiment mon ami intime. Il m'a téléphoné jusqu'à la fin de sa vie pour me dire qu'il m'aimait ou simplement pour me parler, parfois pendant une heure, comme ce fut le cas lors de son ultime appel. Je le respectais beaucoup, non seulement en tant qu'homme politique, mais aussi en tant qu'écrivain pour *Le Grand Cirque* et pour un ouvrage qui était notre Bible : *Des poissons si grands*. Il en avait tiré le titre d'une prière extraordinaire qu'il avait composée lui-même et qui disait : « Seigneur, donnez-moi la chance de prendre des poissons que l'envie de mentir en les décrivant m'échappe à jamais ! »

C'est mon père qui m'a initié à la pêche. Il m'a d'abord appris l'art du lancer. Il avait des cannes en bambou refendu, des moulinets Mitchell (ce qui me permet d'appeler Eddie Mitchell Édouard Moulinet... et Johnny Hallyday Jeannot Vacances) et il portait toujours une canadienne. Pour la pêche au coup, il m'a enseigné comment on mesurait la profondeur avec une sonde afin de pêcher au ras du fond. J'ai perdu un nombre incalculable de plombs, mais il ne s'énervait jamais. Il aimait transmettre son savoir dans toutes les disciplines. En revanche, je fabriquais mes appâts à la maison, car nous avions un garde-manger extérieur qui donnait sur la cour de l'Institut des sourds-muets. J'y mettais des vieux fromages pour obtenir des asticots, mais il arrivait que je les oublie, si bien qu'un jour, alors que ma mère avait ouvert ma réserve, les asticots devenus d'énormes mouches ont envahi tout l'appartement ; je vous laisse imaginer sa réaction !

À Antibes, où je pêchais le mulet, je fabriquais une pâte qui devait être assez consistante pour tenir au-dessus de la « roumagnole » – un hameçon à huit branches – et dont l'odeur attirait également toutes sortes d'insectes dans le garage de la maison... Dans ce garage – petite parenthèse – il y avait un objet féerique : l'une des premières voitures construites par le baron Ville d'Avray, l'inventeur du carburateur à niveau constant. Avec des copains un peu plus âgés, j'avais réussi à en remettre le moteur en marche, mais sans pour autant oser la faire rouler, car la transmission se faisait par courroies de cuir. Le volant était en bois et cuivre, et les roues en caoutchouc peint, mais elle était équipée d'un système de changement de vitesse. À la mort du baron, ses héritiers ont repris le véhicule, ce qui, pour moi, a été un déchirement.

En attendant, je me souviens toujours des noms des bateaux d'Antibes : *Jori*, *Camalin* (mot indien) et *Vagabond*, avec lequel nous avons sillonné la baie des Canoubiers, dans le golfe de Saint-Tropez, et vécu des épisodes dignes du *Titanic*, lorsque la tempête se levait brutalement. Je me souviens aussi du capitaine du port qu'avec mon frère nous avions baptisé « Pitalugue », tant il semblait tout droit sorti des livres de Pagnol.

À propos de littérature, beaucoup d'ouvrages ont été consacrés à la pêche. Ces derniers temps, une vaste polémique a même vu le jour pour savoir si, en matière de pêche au gros – et je ne me sens pas concerné –, il fallait ou non relâcher ses prises. La tendance est à la remise à l'eau du poisson, et pour ma part c'est ce que je fais le plus souvent possible. Pourtant, lorsque le poisson est blessé, cela ne sert à rien si ce n'est à nourrir les requins. C'est pourquoi j'ai coutume de dire qu'un poisson doit être soit dans l'assiette, soit dans la mer. C'est comme quand j'écris une chanson : si elle me plaît, je la sers dare-dare et, sinon, je la remets dans ma guitare !

Toujours à propos de littérature, que je me rende au bord d'un étang ou d'une rivière, ou que je grimpe sur un bateau pour prendre la mer, je pense régulièrement au mythe de Narcisse, au chant des sirènes, aux cités englouties ou au monde du silence qui ont fait couler à la fois tant d'encre et tant d'ancres.

Fascinants, ces mystères de la mer, ces fosses de douze mille mètres de profondeur que la lumière n'a jamais visitées, ces êtres aux formes inimaginables qui les habitent et que personne n'a jamais aperçus.

J'ai toujours supposé que les Saintes Écritures ne nous avaient pas tout dit et qu'un artiste un peu fêlé, qui dessinait des animaux aussi hallucinants que les poulpes et les pieuvres, avait demandé à Jésus de montrer les esquisses à son père, quand celui-ci était en train de façonner le monde. Dieu aurait alors daigné incorporer ces bizarreries à son projet global, mais à la seule condition qu'elles vivent au plus profond des eaux !

XV

« *UN PEU DE PUB POUR MES OASIS* »

Ces dernières années, j'ai beaucoup voyagé. Je n'avais jamais eu auparavant l'âme sédentaire mais, en tournant *Le Gros Homme et la mer* pour mon amie productrice Dominique Le Pivert, j'ai accédé à une sorte de nirvana.

Tahiti, Mexique, Guinée, Maurice, Cuba, Cameroun, Sénégal, Cap-Vert, Caraïbes ou la Réunion... au contact réel des populations locales, en osmose avec elles, avec ces flores et ces faunes... sans pour autant oublier de faire très sérieusement la fête ! Quel bonheur de pouvoir découvrir tout en travaillant. L'œil forcément aux aguets puisqu'il pilote une caméra.

Pour moi, la télévision doit être une fenêtre sur le monde. Permettre aux gens d'ouvrir leur petite lucarne sur l'île de Canhabaque plutôt que sur la débile « téléréalité » m'a profondément motivé. Et même si la plupart des gestionnaires de l'audimat ont refusé de nous délivrer nos billets aller (« On ne va tout de même pas financer les vacances de Carlos ! »), le bonheur final des abonnés au câble nous a payés de retour.

Combien de fois, avec mon ami Denis Kerneis, qui m'a escorté partout et sur le bateau duquel, l'*Africa Queen*, j'ai tant pêché – dans tous les sens du terme –, avons-nous entendu des gens nous dire :

– Vous avez eu de la chance, moi je n'ai pas connu ça !

Les touristes sont ainsi. Surtout les fanatiques. Ils ont tout fait, tant qu'on leur cause dépliant touristique, mais en fait ils n'ont pas vu grand-chose. La plage de leur hôtel, l'artisanat local, un spectacle typique, et c'est à peu près tout. Nombre d'entre eux ne sauraient même pas pointer sur une carte les pays qu'ils prétendent avoir visités.

À Bora Bora, j'ai rencontré de vieux Américains, dont le voyage était payé par leur compagnie d'assurances (parce qu'ils étaient déjà venus là pendant la guerre !), qui s'étonnaient que les Tahitiens parlent français.

Mieux, à Miami, en transit dans l'aéroport, j'ai été invité au bar par deux vieilles dames aux cheveux bleus et aux lunettes en forme de papillon qui, venues elles aussi des États-Unis, m'ont dit avoir fait le tour du monde. Alors que je leur demandais ce qu'elles allaient faire maintenant, elles ont eu cette réponse formidable :

– Après ? Nous irons ailleurs !

Pour découvrir un pays, il ne suffit pas d'avoir la volonté de s'y rendre, il faut aussi avoir envie de le connaître. À la Réunion, par exemple, j'ai sympathisé avec un certain Bibic qui, après une carrière très sérieuse dans les assurances, avait décidé de faire visiter son pays, dont il était fou amoureux, aux touristes de passage. Il avait l'art de transmettre sa passion pour cette île, qui a peu de plages, mais présente bien d'autres attraits – dont la musique n'est pas le moindre. Cette île si chaude et pleine de tendresse, je pourrais en parler pendant des heures. Comme du Mexique, que j'ai appris à connaître grâce à un copain connu à Mulhouse dans une boîte de nuit et parti « là-bas », il y a vingt ans, pour y faire fortune en tenant les plus gros night-clubs de la région. Au-delà du périple classique d'Acapulco à Cancún, il m'a fait découvrir le Mexique inconnu, celui du sud et de la Côte Ouest, notamment les neuf baies Huatulco, où en raison de mes prises à la pêche on me surnomme « El Gordo de la suerte », « le Gros qui a de la chance » !

Je suis également fasciné par l'archipel des Bijagos qui se trouve à cent kilomètres au large de la Guinée-Bissau et où les tribus observent très scrupuleusement d'incroyables rites initiatiques. Les mômes de sept ans y vivent par exemple huit mois seuls dans la forêt et, à cinquante ans, pour devenir *homo grande*, c'est-à-dire sage de la tribu, il faut passer cinq ans sans voir la moindre femme, sans en toucher une, ni même lui parler ! Dans une des îles de cet archipel, la fameuse île de Canhabaque, j'ai été nommé roi du village d'Inorei, au cours d'une cérémonie traditionnelle.

Le Cameroun, je l'ai découvert grâce à un ami grec d'une grande simplicité et d'une « rigueur... digeste » ! Il m'a présenté tous les bons intermédiaires pour parvenir à accéder aux plus inaccessibles. Quatre rois, qui avaient chacun plus de trois cents femmes, m'ont reçu avec des danses très impressionnantes, auxquelles j'ai assisté revêtu d'un costume spécialement réalisé pour moi et tout entièrement brodé de coquillages !

Et puis il y a Cuba où Ernest Hemingway a été si heureux ! Lors du tournage du *Sirocco*, j'y ai, vous vous en souvenez, retrouvé le fameux Gregorio, son skipper pendant trente-six ans, à qui l'on doit l'invention du Mojito, boisson à base de rhum, de citron et de menthe, qu'il avait créée pour détourner Ernest du whisky. On la sert encore dans deux bars : à la Bodeguita del Medio, près de la cathédrale, et à la Floridita où un Hemingway en bronze est accoudé au bar, grandeur nature !

J'aimerais encore parler du Sénégal, où j'ai « levé » un espadon-voilier, le poisson dont rêvent tous les pêcheurs, où l'on trouve le piment le plus fort du monde, le pili-pili, qui relève une cuisine particulièrement raffinée, parole d'épicurien, où enfin j'ai appris – ce qui a provoqué le fou rire des autochtones – à danser le « ventilateur », une danse extraordinaire, complètement désarticulée, qui permet d'admirer le rythme assez improbable des Sénégalaises.

Aux Caraïbes, où j'ai choisi Saint-Barth comme escale fétiche, une île douce, tendre, agréable, où personne ne s'engueule, où tout le monde est gentil, j'ai surtout été marqué, presque envoûté, par une atmosphère religieuse aussi festive que fervente.

Au Cap-Vert, cette poignée de jolis petits cailloux jetés au milieu de l'océan, où la vie est simple comme un coucher de soleil et le paysage étrangement divisé entre zones lunaires, décors de western et sites luxuriants, il faut d'abord parler de la beauté des filles et d'une musique omniprésente, envoûtante, fascinante, dont Cesaria Evora demeure l'ambassadrice emblématique.

Et puis, bien sûr, je ne peux passer sous silence Tahiti, la sensualité de ses lagons et la puissance magique de ses montagnes. Mais j'en reparlerai pour évoquer Mimi, la fleur de ma vie, avec qui j'ai fait là-bas mon voyage de noces.

Certaines villes ont pour moi un charme particulier. C'est le cas d'Istanbul, avec toute son histoire liée à celle des croisades dont s'est nourrie notre civilisation. Pendant la quatrième, par exemple, en 1204, tout le monde transitait par là pour rejoindre Jérusalem. Aussi, les paysans voyaient d'un très mauvais œil ces arrivants qui saccageaient leurs récoltes et avaient constamment besoin d'eau, tant pour eux-mêmes que pour leurs chevaux. Pour se venger, les autochtones empoisonnaient les sources qu'ils désignaient sous le terme « pinard » ! Par la suite, le mot a été appliqué à des eaux non potables et, par extension, à la piquette.

La Cappadoce est par ailleurs la seule région du monde d'où j'ai pu rapporter une image du Christ souriant dans les bras de sa mère : je l'ai prise dans une église orthodoxe byzantine.

« Vaut mieux aller au paradis tant qu'on est vivant, pas vrai ? » C'est la phrase que j'ai prononcée en débarquant à l'île Maurice et en m'extasiant devant la beauté du paysage. En dix ans, j'y suis retourné une bonne douzaine de fois, dont quatre pour les besoins de la célèbre publicité précédemment évoquée. Je vais d'ailleurs vous en parler un peu, car tant qu'à faire un peu de pub pour mes oasis rituels, il faut aussi que je raconte mon aventure avec Oasis. Elle a tout de même duré onze années !

J'avais trouvé dans le répertoire guadeloupéen un titre, *Rosalie*, dont un certain Georges Plonquitte était l'auteur. Il vivait à Basse-Terre. Je suis rentré en contact avec lui pour lui proposer d'adapter et d'éditer sa chanson que je trouvais extra, ce qu'il a aussitôt accepté.

Dès sa sortie, le morceau a fonctionné à merveille et on m'a très vite proposé un contrat pour illustrer la promotion d'un jus de fruits dont la marque pouvait parfaitement se substituer au titre de la chanson par transformation de syllabes homophoniques. D'abord j'ai refusé en demandant une fortune, puis, quand ils sont revenus à la charge en me proposant de participer au tournage de la campagne, j'ai fini par céder. C'est ainsi que « Qu'est-ce que t'as doudou, dis donc ? » est devenu « Qu'est-ce que tu bois, doudou, dis donc ? » et a « cartonné » au-delà de toutes mes espérances.

Outre l'île Maurice, nous avons tourné des clips en Polynésie, puis en Thaïlande et au Mexique, travaillant avec les plus grands chefs opérateurs, y compris celui de Fellini, qui racontait comment avait été tournée *La Dolce Vita*, heureux de nous faire profiter de son formidable savoir-faire.

Ce fut une très jolie période de ma vie, car ce travail a démultiplié deux des plus beaux aspects de mon métier : le rêve et la jubilation. Nous faisions de longs repérages, car nous avions, à l'époque, d'incroyables budgets. Je me souviens être allé au Mexique, près de Manzanillo, parce qu'il n'y pleuvait que vingt-sept jours par an et que nous cherchions, au bord d'une mer turquoise, de belles plages plantées de cocotiers. Le scénario voulait que je pilote un avion et qu'à la suite d'une panne je saute en parachute, que j'atterrisse dans une forêt, que des Indiens m'attaquent et que tout s'arrange autour d'un verre de jus de fruits Oasis. Dans ce petit bled où il n'y avait qu'un terrain d'aviation à l'usage exclusif des trafiquants, qui décollaient surtout la nuit, nous avons pu choisir jusqu'à la couleur de notre avion...

C'est à cette occasion que j'ai rencontré l'équipe de Spielberg, qui venait de tourner dans la jungle et qui m'a fait découvrir les merveilles des effets spéciaux. Alors que j'étais censé sauter d'un avion, je n'ai eu que deux mètres à franchir, et encore, pour atterrir sur des cartons. Ensuite, ils ont pris des lance-pierres pour tirer sur une figurine, réplique fidèle de mon image, suspendue à un parachute miniature. Enfin, pour la séquence où les Indiens devaient me lancer des flèches qui se fichaient dans un arbre, tout autour de moi, on a évité tout risque de blessures en reliant les flèches aux points d'impact par un fil conducteur invisible !

En Thaïlande, outre l'équipe française, soixante personnes étaient arrivées de Hong Kong et soixante autres de Bangkok. Je ne vous dis pas l'ambiance entre les différentes communautés ! Pour les besoins du tournage, on avait construit sur la plage de belles maisons sur pilotis que nous avons ensuite laissées aux habitants du lieu, qui vivaient dans des cahutes.

Au cours d'une bagarre, il me fallait passer à côté d'un cageot de canards que l'on devait voir s'envoler.

Thaïlandais et Chinois étaient chargés de cet effet spécial. Quand j'ai frôlé le cageot, au lieu de voir nos palmipèdes prendre l'air, je les ai vus exploser puis cramer à trente ou quarante mètres au-dessus de ma tête. Par souci d'efficacité, au lieu d'user d'un simple ressort, les mecs avaient bourré le cageot d'explosifs ! Ils ont perdu et l'affaire et la face.

La marque Oasis a été ensuite vendue au groupe Perrier, lequel, ayant eu des problèmes avec ses bulles, a tout revendu à la société britannique Cadbury-Schweppes, qui n'a pas souhaité poursuivre l'expérience. J'en ai été assez triste. Le bonheur, on s'y habitue vite !

Pour sauver le coup, j'ai d'ailleurs proposé de créer une bouteille qui chanterait notre chanson grâce à une puce incrustée dans son bouchon. Cela aurait pu être un formidable coup de marketing. Mais les responsables n'ont pas suivi. Ils n'étaient sans doute pas en mesure de comprendre cette jolie formule de Blondin : « Pour que l'âge soit apprécié, il faut être en bouteille ».

XVI

« LA DÉMESURE, C'EST MA MESURE »

À soixante-quatre ans, je mène aujourd'hui la vie d'un homme qui a beaucoup vécu. Trop, disent certains. Peut-être, mais je ne regrette rien. J'ai été programmé pour ça. La démesure, c'est ma mesure ! La plupart de mes vrais amis ont toujours adhéré au même slogan.

À travers mes escapades, mes virées et mes voyages, j'ai d'abord tenté de découvrir ce qui animait les hommes et j'ai été émerveillé par leur sens de la fête, qui est la seule et vraie ode à la vie. Partout, on fête la nuit, le soleil qui se lève, l'enfant qui naît, la force de l'amour et de la beauté. Sans cesse, dans cette petite tranche volée à l'infini et à l'inconnu, où on est « vivant », il faut savoir prendre du plaisir.

Pour moi, le bonheur, c'est cette toile de Gauguin intitulée *La Maison de jouir*. Oui, c'est ça, le bonheur, c'est jouir de la vie ! Pas seulement sur le plan sexuel, même si ce plaisir-là n'est pas négligeable. Jouir sensuellement, humainement, moralement, de tout ce qu'on peut trouver de bien sur terre.

Combien de temps dure-t-il le passage de l'humain sur cette planète? Maximum, cent ans. Minimum, une minute. C'est quoi cette broutille si l'on n'en profite pas au mieux?

Alors il faut jouer sans limite de qui l'on est, de ce qu'on a fait de vous. Jouer jusqu'à l'extrême de l'émotion, même lorsqu'elle est triste. À l'annonce de la mort de Pouchkine, tandis qu'on le savait malade depuis longtemps, un vieux Russe se met à fondre en larmes avec tant d'apparente douleur, pour ne pas dire d'excès, que quelqu'un lui demande s'il en rajoute ou s'il est vraiment triste.

– Jamais je n'ai été aussi malheureux de ma vie, répond le vieux.

– Mais pourquoi? Vous êtes de sa famille? lui demande-t-on encore.

– Non. Mais je suis Russe, se contente-t-il de rétorquer!

Moi qui ai été conçu pendant la guerre, au moment où les chars sillonnaient les rues, moi dont les grands films d'adolescence s'appelaient *Les Buveurs de sang*, *Les Mines du Roi Salomon*, *Prélude à la gloire*, récit d'un enfant précoce qui dirigeait un orchestre à l'âge de huit ans, ou *Le 84 part en vacances*, qui racontait l'histoire d'un chauffeur de bus poursuivant, avec tous ses passagers en otage, une voiture dans laquelle il avait aperçu sa femme, je ne pouvais me contenter d'une vie sans relief ni folie.

Je me suis donc choisi des maîtres à penser à la hauteur. Antoine Blondin fut, parmi eux, le plus proche de mon cœur. Son livre *Monsieur Jadis* demeure l'une des merveilles de ma bibliothèque et j'estime que cet amoureux de la vie, du cyclisme, de la boxe, de l'humour et de la bouteille, a plus marqué son époque, du moins pour nous épicuriens, que Sartre et Simone de Beauvoir.

Je me souviendrai toujours qu'à une femme pénétrant Chez Castel et confiant à une amie : « Je ne sais plus où j'ai laissé mes lunettes... chez mon mari ou chez mon amant ? » il a murmuré sortant d'une torpeur alcoolisée :

– Des lunettes à double foyer, je suppose !

Comme lui, je suis devenu un « vignoble » personnage. Comment y échapper quand on a été baptisé avec de la vodka sur la langue ? Pourquoi, d'ailleurs, l'aurais-je souhaité ? Quand quelqu'un me demande si je peux boire autre chose que des grands crus, je réponds que depuis que je les apprécie de plus en plus, j'ai découvert aussi qu'il y avait plein de petits vins formidables !

J'ai des souvenirs *en* vers, mais j'en ai aussi *de* verres formidables. Un jour, avec un ami, nous sommes allés au Flore, lui déguisé en bébé, et moi en lapin blanc. Au bout de trois ou quatre « à ta santé ! » nous avons fini par oublier nos déguisements tandis que les badauds ébahis se prenaient la vitrine dans la figure ou percutaient l'arbre d'en face en nous dévisageant.

Au bar il y avait une femme en larmes. Une Américaine que nous avons fini par distraire de son chagrin et qui est venue timidement nous demander pourquoi nous étions accoutrés de cette façon. Comme nous lui avons répondu : « Aucune raison, nous en avions seulement envie », elle a été prise d'un véritable fou rire. Arrivée le matin même en France, elle venait de se faire voler toutes ses affaires dans un grand magasin et se sentait perdue et malheureuse. Eh bien, notre incursion dans sa vie lui a rendu le sourire et je crois même que nous l'avons réconciliée avec Paris !

À Noël, j'ai refait un coup similaire avec Mort Schuman, mais cette fois filmé par la télévision. J'étais déguisé en dinde et lui en cuisinier. Un grand couteau de cuisine à la main, il me poursuivait pour me plumer et me faire cuire !

Tout dans l'excès, vous dis-je. Songez que j'ai participé 574 fois – un record absolu – aux grandes tournées du podium Europe 1. Les tournées, la vie de saltimbanque avec la liste des restos qu'il ne faut pas rater et celle des chambres ou des cocktails qu'il faut demander dans tel ou tel hôtel, je ne m'en suis jamais lassé. Mon plus beau souvenir restera une tournée en bateau, de Menton à Banyuls, avec fiesta après le show à chaque escale, puis repos à l'aube amarrés dans de petites criques.

« Amarrer », j'aime bien ce mot. Il ressemble à marée et aussi à se marrer. Moi, même à marée basse, je me suis souvent marré haut !

Mais pour se marrer de tout, il faut d'abord bien se marier. Avec Mimi, j'ai trouvé, croyez-moi, la femme à la mesure de ma démesure. Exaltée, atypique, passionnée, drôlatique, tantôt brisée par les excès, tantôt perdue comme une enfant, mais toujours partante pour la fantaisie, vaillante pour le combat, caustique et décapante, elle ne sait pas plaire à tous ceux que j'aime, mais ne peut déplaire à tous ceux qui l'aiment.

J'ai eu le coup de foudre pour elle à vingt ans. Un slow langoureux dans une boîte de nuit du Quartier latin a suffi. Je la trouvais trop belle pour moi. Je n'osais pas y croire. Et puis nous avons ri et cela fera bientôt quarante-cinq ans que cela dure !

Partout où je peux, je l'emmène, et ce depuis toujours. Je me souviens du jour où Tino Rossi a accepté une immense tournée en Polynésie, alors qu'il refusait catégoriquement depuis toujours de prendre l'avion, à condition que j'assure la première partie du spectacle. Moi, ma seule condition fut la promesse de beaux hôtels et d'un billet de première classe pour Mimi ! Elle a toujours su me « booster » et illustrer cette fameuse devise tahitienne : « Il faut monter très haut pour trouver la fleur de sa vie ».

C'est d'ailleurs à Tahiti que je lui ai fait ma plus belle déclaration d'amour. J'avais organisé pour nous deux véritables mariages – enfin, plutôt remariages – selon les rites locaux. Nous étions juchés sur des sièges à porteur quand, spontanément, ce cri du cœur a jailli :

– Je regrette d'être aussi gros pour les pauvres porteurs. Mais, pour porter l'amour que j'ai pour ma femme, il n'y a pas assez de porteurs !

Mais je ne voudrais pas passer trop de temps à me vanter d'une démesure qui peut aussi me rendre plus con que nature.

Il y a plus de dix ans j'ai publié chez Ramsay un recueil d'histoires drôles dont certaines n'ont pas fait rire tout le monde. J'avais beau avoir précisé dans ma préface que j'estimais le public « suffisamment adulte pour distinguer le bon grain de l'humour et de la drôlerie, alors même que celle-ci est parfois scabreuse, et l'ivraie de la bêtise et du racisme ordinaire... », je reconnais volontiers que je n'aurais jamais dû laisser passer quelques blagues douteuses. Mais que cette négligence que je ne me pardonne pas m'ait valu une suspicion de racisme, en même temps qu'elle a pu blesser des gens, demeure une tache indélébile au plus profond de mon cœur.

Un matin, tandis que je m'étais endormi la veille devant mon téléviseur allumé, je suis réveillé par une sorte de générique décapant, illustré par une annonce verbale on ne peut plus explicite qui parlait de : « ... un gros, con et raciste comme Carlos ». J'appelle aussitôt le patron de la chaîne, Dominique Farrugia, qui n'est au courant de rien, puis sa directrice d'antenne, qui me présente ses excuses et m'explique qu'il s'agit d'un sketch d'Omar et Fred acheté à une boîte de production externe.

Quelques jours plus tard, à Vitrolles, à la sortie d'un de mes spectacles, plusieurs gosses du coin me prennent pour cible de leurs jets de pierre et d'insultes accusatrices. La scène se reproduit deux ou trois fois dans d'autres villes. À l'origine : un sketch sur Canal Plus de Jamel Debbouze, qui me traite parallèlement de raciste sur Internet.

J'accuse franchement le coup. Je veux bien qu'on raille mon physique peu avenant ou mes faiblesses intellectuelles, mais me faire traiter de raciste, moi, toujours escorté de danseurs noirs, moi, fils d'immigré russe et demi-frère d'un Indien que j'adore, je ne peux l'accepter. C'est même l'attaque qui m'a le plus marqué depuis ma naissance.

Mais je ne sais pas comment me rattraper. Je tente bien d'arranger le coup auprès de Jamel par l'intermédiaire d'un célèbre ami commun, Smaïn. En vain. Jamel ne veut rien entendre et finit par me répondre en *live* et de façon définitive :

– Les paroles s'envolent mais les écrits restent.

Il n'a pas tort !

J'en veux pour preuve ce monsieur aux cheveux blancs et aux lunettes cerclées qui me traite dans le dos de « gros connard » alors que je descends du podium d'une étape du Tour de France. Je m'approche de lui pour lui demander des comptes. On se toise. Il murmure alors juste ces quelques mots :

– C'est bien moi qui vous ai dit ça, mais honnêtement, je ne sais pas pourquoi !

XVII

« UNE ÉPOQUE PAS FORMIDABLE »

Contrairement à beaucoup d'artistes, sans doute angoissés à l'idée que leur futur se révèle moins glorieux que leur passé et résolus à ne pas trop figurer dans des pages de livres déjà tournées, j'adore me replonger dans le passé.

Ma boîte à souvenirs reste toujours entrouverte, et cela ne m'a jamais empêché de faire des projets. Sans pour autant qu'on puisse me juger comme un nostalgique, je crois qu'il y a une raison à cela : la façon dont se profile l'avenir m'inquiète énormément. Notre époque, certes magistrale en matière de progrès techniques – encore que des pénuries en tout genre et des pollutions de toute sorte l'amèneront sûrement à réviser ses ambitions –, ne me correspond plus vraiment.

Moi qui ai consacré ma vie à la communication, à parler, rire, regarder, voyager, connaître, découvrir, écouter, toucher, goûter, bref à faire tout ce que j'aime, je crains que le monde ne s'égare pour avoir voulu péter plus haut que son cul et pour avoir oublié qu'entre le rêve et le virtuel il y a une *big* différence : l'humain !

Aujourd'hui, les gosses vivent devant des machines et font des pieds et des mains, quand ils ne l'exigent pas par des hurlements, pour avoir les premiers la nouvelle console Nintendo. J'ai vu ce spectacle effrayant de gens passant la nuit dehors, couchés devant des magasins, pour être sûrs de ne pas rater le dernier modèle. J'ai aussi connu des drogués du Net. Certains persuadés de gagner par ce moyen du temps pour tout, alors qu'il ne leur en reste aucun pour rien. D'autres, convaincus par toutes sortes de jeux débiles qu'ils deviennent les maîtres du monde, alors qu'en vérité ils se muent en esclaves.

Le Net, c'est une espèce de solitude organisée où, par ordinateurs interposés, on croit faire des connaissances, alors qu'on ne se rencontre jamais. C'est plus que de la fausse communication. Cela relève carrément du mensonge.

Regardez-moi. J'ai soixante balais et quelques poussières, je suis barbu et corpulent. Tous ceux qui me voient ou me connaissent le savent ou le constatent. Pourtant, devant mon écran, en pianotant sur mon clavier, rien ne m'empêche de faire croire au monde que je m'appelle Bernard, que j'ai trente-quatre ans et que je suis cadre chez Coca-Cola. Bref, ce genre de communication incite à la dissimulation et à la tricherie et, plus grave encore, à l'illusion.

Moi, j'aime les choses vraies. La beauté des choses, c'est tout de même leur vérité, non ? C'est de s'accepter et de se faire accepter tel qu'on est, et non pas de se fabriquer une image pipeautée.

Et puis, notre époque, c'est aussi, de plus en plus, le formatage, la standardisation et la peur du gendarme. Partout, tout le temps, contrôles et vérifications étendent leurs tentacules et vous castrent. Prenez l'alcool ou le tabac. Faire de la prévention contre l'éthylisme ou le tabagisme assassin, très bien, mais interdire pour interdire en obligeant les gens à rester chez eux s'ils veulent dialoguer le cigare au bec ou délirer autour d'une bouteille, n'est-ce pas un attentat à la convivialité autant qu'à la liberté ?

Vous avez vu où on les trouve maintenant, les nouveaux lieux de rencontre ? Au pied des bureaux ! C'est là qu'on se retrouve pour en griller une.

Cela me rappelle une chanson de Guy Béart que j'adore, *Les Groupes*. Elle raconte l'histoire d'un individualiste qui rencontre un autre individualiste dans un bar, lequel lui en présente un autre qui, à son tour, l'amène vers un autre et ainsi de suite... jusqu'à ce qu'ils finissent tous, unis par leur farouche haine des groupes, par en constituer un !

En fait, il règne désormais sur nos sociétés un vrai totalitarisme, et le monde se durcit inexorablement.

Revenons deux secondes sur Internet avec ce magnifique slogan de nos tendres années : « Faites l'amour, pas la guerre » et les débuts du féminisme qui a si joliment libéré nos belles. Que trouve-t-on aujourd'hui en filigrane de tous les sites ? Un slogan diamétralement opposé, qui clame à tout vent et au nom de toutes les confessions : « Faites la guerre, pas l'amour ».

Même sur les sites de cul, ce qui s'étale à tout bout de champ, c'est le pervers et le pernicieux, la vulgarité et la régression. Et tout ça, sous couvert de frissons, pour faire couler le pognon.

Et la nuit parisienne, qu'est-ce qu'elle est devenue ? La sinistrose du paraître sans l'élégance de l'apparat ! Après la tonique renaissance de « Paris brûle-t-il ? » et l'émulation brillantissime du « Paris scintillant », on est passé à la morosité du Paris de l'être et du néon !

Notre métier subit la même morosité. En quête de produits immédiatement rentables et totalement préfabriqués de préférence, il n'est plus question que de « promo ». Exercice que, en général, les vrais artistes trouvent très pénible. Seuls Michel Drucker et Patrick Sébastien conservent l'esprit de leurs aînés en permettant à leurs invités de faire leur travail d'artiste, de créateur, dans la plus pure tradition du vrai talent. J'adore Patrick, dont on ne sait pas à quel point il est un véritable saltimbanque !

Dans cette foulée boiteuse, toujours pour des raisons d'argent, les musiciens ont disparu. Les instruments sont programmés sur clavier, à part quelques rares guitares, et encore... Finis les cuivres, abandonnés les « plumiers », comme on appelait les violons, envolée l'humanité du percussionniste qui, en tapant sur sa batterie avec un très léger décalage, provoquait la véritable étincelle. Aujourd'hui n'importe qui peut faire son disque sans musiciens !

Auparavant, quand on sortait un disque, on gravait quatre ou cinq exemplaires de ce qu'on appelait « un souple », souvent après avoir passé plusieurs nuits sur une seule chanson. Les attachées de presse partaient illico le présenter à RTL, Europe n° 1, France Inter et

Radio-Monte-Carlo. À ce jour, la mienne, Catherine, a travaillé trente-neuf ans à mes côtés ! Nous attendions ensuite avec une certaine appréhension le verdict des programmateurs, notamment celui de Monique Lemarcy, une femme extraordinaire qui a fait la carrière de nombreux artistes dont Joe Dassin et Mike Brant.

À présent, exit les rapports humains. C'est le règne des playlist. Non seulement les programmes sont concoctés sur ordinateur, mais c'est encore l'ordinateur qui choisit leur fréquence et le moment de leur diffusion ! Cette évolution a tué bien des métiers du disque, depuis les représentants jusqu'aux disquaires, en passant par les graphistes qui réalisaient les magnifiques pochettes des 33 tours. Bref, pour une œuvre entièrement réalisée par des humains, reçue par des humains et diffusée à l'intention d'autres humains, nous en sommes arrivés à une totale déshumanisation ! Moi, dans ce monde-là, je me sens tellement mal que cela fait plus de deux ans que je n'ai plus rien sorti. J'ai bien mis en route une nouvelle production, mais dans le plus grand doute. Fini le temps où l'on savait que tel morceau plairait à Monsieur Duschmoll et que tel autre serait plutôt diffusé par telle radio, sans pour autant trahir ses propres goûts.

Je me souviens avoir chanté avec Joe Dassin *Le Bougalou du loup-garou* pour faire danser le public des boîtes sur un autre air que *Just a gigolo*. J'aimais beaucoup cette chanson, mais tout le monde lui en préférait une autre, intitulée *Si j'étais Président*. Lucien Morisse, fou de disques au point qu'il avait quitté Europe n° 1 pour monter une petite boutique, passage Choiseul, m'avait dit partager mon point de vue et, pour la première fois de ma carrière, j'ai demandé moi-même aux programmateurs radio de retourner le disque et de diffuser sa seconde face ! Pierre Perret a eu autant de mal à imposer *Blanche*, qui est devenue par la suite un formidable succès. Le sort que l'on réserve à une chanson est mystérieux, car il tient bien souvent du hasard... Brel disait : « Quand une salle est vide, c'est normal, quand elle est pleine, c'est un malentendu ». Aujourd'hui, c'est tout notre métier qui est un malentendu !

Je me suis d'ailleurs bien planté avec ma dernière chanson dont le thème était les RTT. Il n'y a rien de pire que de travailler longtemps sur un titre dont au final personne ne veut ! Aujourd'hui, je me sens d'autant plus « déphasé » que la nouvelle génération de chanteurs à la mode me semble aux antipodes du don de soi et de l'appétit de vivre qui m'animaient. Les Delerm et compagnie me passent au-dessus de la tête. Je n'adhère pas à ces espèces de récitatifs morticoles !

XVIII

« LA MORT, LE JEU DU QUI PERD GAGNE »

Quand il avait un problème, mon père déclarait systématiquement qu'il s'agissait d'un ennui passager et il s'empressait d'aller croquer le petit carré de chocolat noir qu'il laissait en permanence sur sa table de nuit.

À sa mort, maman a eu besoin du livret de famille qu'elle mit un temps fou à trouver. Pendant des heures, elle le chercha dans le bureau paternel où régnait un fatras inextricable. Et puis, soudain, elle aperçut un carré de chocolat ! Il était posé sur le livret !

Elle en fut bouleversée et nous assura de sa conviction :

– Boris me parle. Nous ne sommes pas séparés !

Selon la volonté de notre père, elle le fit ensuite incinérer et alla offrir elle-même ses cendres à la mer.

Sur le bateau qui l'emmenait au large, elle se cogna violemment le genou, qui se mit à enfler de façon spectaculaire. Le diagnostic des médecins n'eut rien d'alarmant et les radios ne révélèrent aucune fracture.

Pourtant, même quand l'hématome dégonfla, la douleur demeura lancinante.

Et puis, un matin, elle se déclara guérie.

Devant l'étonnement général face à cette disparition si soudaine, elle nous fixa avec un petit sourire triste et nous dit :

– Je viens de comprendre ce que je ne voulais pas admettre. « Je » et « nous » sommes désormais séparés à jamais.

Elle venait de franchir la première étape de son deuil.

Elle a tout de même conservé une partie des cendres de Boris, qui dorment encore aujourd'hui dans ma chambre.

Moi, j'ai appris la mort de Boris en tournée ; c'est une hôtesse de l'air qui me l'a annoncée sur le tarmac de l'aéroport de Bordeaux. Je partais faire mon tour de chant à Castelnaudary et, tout de suite, j'ai pensé au conseil que m'avait donné Jacques Brel.

– Un jour – m'avait-il dit – tu vas apprendre le décès de quelqu'un de très proche et la nouvelle va t'anéantir. Ta réaction naturelle sera alors d'annuler ton spectacle. C'est exactement ce qu'il ne faut pas faire. Si tu veux t'en sortir – dans tous les sens du terme – tu dois entrer en scène !

Il avait raison. Comme le parachutiste qui ne se lance plus jamais dans le vide pour un saut refusé, l'artiste qui ne rentre pas en scène, non seulement ne fait pas son métier vis-à-vis du public venu l'applaudir, mais il refuse inconsciemment de se libérer. C'est le show qui permet, sans l'amoindrir en aucune façon, de mieux assumer son chagrin.

Bien plus tard, au cours d'un séjour chez Michel Berger et France Gall à Saint-Tropez, j'ai reçu un appel de Patrick Sébastien qui me demandait de venir d'urgence le remplacer à Fréjus. Il sortait tout juste de la morgue où avait été transporté son fils de vingt ans, victime d'un accident sur la moto qu'il lui avait offerte trois mois plus tôt !

Je lui ai alors instamment conseillé d'assurer son spectacle, ce qu'il a fait. Il m'en remercie encore.

Ce soir-là, à Bordeaux, j'ai donc maintenu ma prestation prévue le soir même et, sitôt le spectacle terminé, j'ai été recueilli par mon ami rugbyman Claude Spanghero, à qui j'ai demandé de me tenir compagnie dans un lieu tranquille, jusqu'à ce qu'un avion me permette, le lendemain matin, de rejoindre ma famille à Antibes. Claude a réquisitionné un hôtel dont il a viré tous les occupants, à commencer par le patron. Nous y avons passé la nuit à boire en attendant le lever du jour. Je n'oublierai jamais ce qu'il a ainsi fait pour moi.

À mon arrivée auprès des miens, j'ai appris que papa n'avait rien laissé à part une enveloppe contenant un peu d'argent. Maman m'a dit qu'il n'avait même pas de compte en banque et que, les derniers temps, tout en lui prenant la main, il lui disait :

– Françoise, est-ce que nous aurons assez de kopecks ?

Cela nous a fait sourire tous les deux avec une infinie tendresse.

La mort de maman fut aussi, curieusement, une belle leçon de... vie ! Je n'aurais jamais imaginé que quelqu'un puisse partir avec une telle sérénité, une si forte et quasi jubilatoire assurance qu'elle allait pouvoir découvrir quelque chose de nouveau.

Nous étions autour d'elle, éplorés, quand tout d'un coup elle nous a demandé si nous pleurions parce qu'elle allait mourir. Comme nous lui avons répondu par l'affirmative, elle nous a dit de sourire, qu'elle avait fait ce qu'elle avait à faire, qu'elle était sûre de retrouver notre père et que, étant extrêmement curieuse, elle se réjouissait de cette deuxième naissance.

Jamais nous n'avions entendu personne parler en aussi beaux termes de ce moment crucial, si redouté, si étranger à notre entendement, où l'on va quitter le monde.

Ensuite, elle s'est éteinte dans les bras de ma sœur en disant :

– Ah, je vois déjà des choses, c'est les mêmes cons, mais ce n'est pas les mêmes.

Le jour des funérailles à l'église Saint-Jacques, toutes les religions ont tenu à être représentées : il y avait un moine bénédictin, le pope, le pasteur, le grand mufti, le rabbin et le curé de la paroisse qui avait eu assez d'intelligence pour recevoir tout le monde.

Nous, ses enfants, à qui – j'en ai déjà parlé – elle racontait tous les soirs une histoire commençant par : « Alors, Papouf et Paula sont partis dans la grande forêt... », où évoluaient le magicien Monsieur Passe-Passe, le lapin Serpolet, l'éléphante Babarina et la poule Tigrette la distinguée, nous avons choisi d'entourer son cercueil de bouquets portant les noms de tous ces personnages sortis de son imagination.

Je garde en tout cas de ce jour le souvenir d'un extraordinaire rassemblement œcuménique. J'en conserve aussi une sorte de reconnaissance, car rien ne doit être pire que le deuil de quelqu'un qui s'accroche avec désespoir à son dernier souffle et qui s'en va dans l'absolue terreur. Dieu serait bien inspiré de m'aider à me comporter d'aussi magnifique façon qu'elle au moment de la sortie.

Dieu... la mort... les deux inconnues essentielles de la vie !

Ce bon Dieu, s'il existe, on a fait en son nom beaucoup de conneries et on continue à en faire. On peut même se demander si les hommes ne seraient pas plus heureux s'il n'existait pas !

Pourtant, dans ou devant certains lieux de culte, comment ne pas croire au moins en l'amour des hommes qui les ont fabriqués. Je me souviens de cathédrales ou de mosquées, de temples ou de chapelles où la grâce est si présente que cela donne envie de prier. Une église orthodoxe en Cappadoce, une mosquée bijou en Turquie, une chapelle magique dans la province du Yucatán au Mexique... dans tous ces lieux, on est obligés de croire en quelque chose. Ces endroits-là m'ont toujours touché. Il faudrait d'ailleurs que j'y aille plus souvent.

Et puis, c'est bien de croire au moment où l'on souffre. C'est un peu comme un médicament pour bien mourir. J'espère seulement que ce n'est pas un placebo !

La mort, évidemment, j'en ai peur comme tout le monde. Sans doute parce que la faucheuse aime les jeux pervers. On connaît la date de sa naissance mais pas celle de sa mort. C'est le jeu du qui perd gagne. Car, dès qu'on a trouvé la réponse... on a perdu !

On dit toujours qu'à l'instant de sa mort on revoit défiler le film de sa vie. Petit, sur les remparts d'Antibes, après ma fameuse chute, je n'ai revu que les bons moments. Si ça se passe comme ça, ce sera plutôt pas mal. Mais le film que je voudrais voir vraiment, au moment de la mienne, c'est celui qu'on essaie de faire maintenant, avec Dominique Le Pivert et Jean-Pierre Daudet. Avec des images de beauté qui donnent confiance en l'existence. La grandeur des océans, les lumières qui se posent sur la mer, le sourire d'un bébé, le rire d'un ami et la main de Mimi.

Table

Impression réalisée sur CAMERON
par BRODARD ET TAUPIN
La Flèche

pour le compte des Éditions du Rocher
en avril 2008

Imprimé en France
Dépôt légal : avril 2008
N° d'impression : 46736

adultes ni des singes savants, mais des enfants à la curiosité en éveil. Et même si je n'avais pas toujours les capacités de comprendre ce que l'on me disait, j'ai conservé de ces années une impression de grâce, de bonheur, où j'avais le sentiment d'être un humain à part entière.

Pourtant, quelques tourments intérieurs en découlèrent chez ma mère, qui rédigea ces quelques lignes :

« Moi-même, tant vis-à-vis de mes enfants que vis-à-vis des consultants, je voudrais ou agir, *ou* être disponible*, et combien souvent je fais ce que je ne voudrais pas, et qui est* réagir *à eux projectivement, et donc tout à fait inutilement, sinon nuisiblement. Alors ! Même si ceux qui savent qu'ils devraient aller leur chemin vont marcher sur le chemin des autres, que dire de ceux qui ne savent pas ! Ce sont les jours à Kyrie Eleison...*